温儒敏／主编

语文教育的先驱

叶圣陶

韩涵 著

长春出版社
全国百佳图书出版单位

图书在版编目(CIP)数据

语文教育的先驱:叶圣陶传/韩涵著.—长春:长春出版社,2017.7(2020.1重印)
(常春藤传记馆/温儒敏主编)
ISBN 978-7-5445-4940-0

Ⅰ.①语… Ⅱ.①韩… Ⅲ.①叶圣陶(1894~1988)-传记 Ⅳ.①K825.46

中国版本图书馆 CIP 数据核字(2017)第176754号

语文教育的先驱:叶圣陶传

著　　者　韩　涵
责任编辑　李玺楠
封面设计　楠竹文化

出版发行　长春出版社
总 编 室　0431-88563443
市场营销　0431-88561180
网络营销　0431-88587345
地　　址　吉林省长春市长春大街309号
邮　　编　130041
网　　址　www.cccbs.net

制　　版　佳印图文
印　　刷　吉林省吉美印刷有限责任公司

开　　本　787毫米×1092毫米　1/32
字　　数　113千字
印　　张　7.625
版　　次　2017年7月第1版
印　　次　2020年1月第3次印刷
定　　价　19.80元

版权所有　盗版必究
如有图书质量问题,请联系印厂调换　联系电话:0431-88899905

总　序

温儒敏

十多年前,我主持人民教育出版社高中语文教材的编写,其中选修课就专门设置有《中外传记选读》一种,我自己还动手编写了这本教材。因为受高考"指挥棒"影响,一般学校的选修课未必真能让学生自主选修,很多选修教材编出来都没有使用,但《中外传记选读》一直很受欢迎,每年都有重印。这让我对传记的阅读推广有了特别的关注。

我还注意到最近三四年高考语文试题命制的一种趋向,无论全国卷还是其他省市卷,阅读题往往都选传记作为材料。比如2016年全国卷的甲、乙、丙三个卷子,文言文阅读的材料全是传记,包括《明史·陈登云传》(甲卷)、《宋史·曾公亮传》(乙卷)和《明史·傅珪传》(丙卷);现代文阅读的实用类文本也多用传记,节选了《吴文俊传》和《陈忠实传》。可见传记阅读越来越受到重视,考试也有意往这方面引导。

中小学语文教材也应当多选一些传记。现在

教育部正组织编写一套新的义务教育语文教科书，聘我担任总主编，这套新教材就选了不少名人传记，并鼓励学生多读传记。

为什么中小学生要多读传记？我曾在《中外传记选读》的前言中说过理由，这里不妨转述一下：

> 同学们都渴望能拥有健全、快乐和成功的人生，现在的学习阶段就在做准备，而且其本身就已经是你人生经历的一部分。我们该怎样设计自己的人生？当然最重要的还是学习。除了学习文化知识，还要从历史人物或者成功的人物身上学习宝贵的生活道理、人生哲学以及获取成功的途径。这就是励志教育，是人生教育中非常重要的部分。人都需要不断添加生活的动力，特别是在年轻的时候，要有偶像和楷模，有高远目标的激励。如同英国思想家培根所说过的："用伟人的事迹激励我们，远胜一切的教育。"让同学们从那些杰出的成功的人物身上吸取人生的经验，从前人多种人生道路的选择中寻找我们各自的"契合点"，这就是我们设立这门课的主要目的。

这里说的"设立这门课的主要目的"，其实

也是我们推出这套"常春藤传记馆"丛书的目的。

"常春藤传记馆"丛书由北京大学语文教育研究所组织编写，长春出版社出版。丛书每本10万字左右，其选目、内容和写法都是为中小学生"量身定制"的。我们希望这套丛书能作为基本图书进入中小学图书馆。和其他同类传记图书相比，"常春藤传记馆"丛书有四个特色：

一是传主覆盖范围广。包括中外古今各个领域的名人，涉及政治、军事、科学、实业、社会活动、文学、艺术、革命等领域。重点考虑有代表性的、在精神层面可以给学生激励的那些名人。

二是和课程教学有呼应。中小学除了语文，各个学科的教材和教学都会涉及中外古今各个领域的著名人物，选择主题首先考虑这一情况，选取学生有所接触又可能希望进一步了解的那些名人。这可以满足学生不同的兴趣爱好。

三是专门为中小学生编写。本套传记不是专业性强的评传，而是重在勾勒传主生平事业贡献的小传，内容和文字力求深入浅出，生动形象，有趣有味。阅读对象接受水平可以定位在初中程度，也可以稍高一点。特别是有些理科方面的传记，主要面对高中生。其实，小学生的课外阅读也要取法乎上，他们可以读这套为中等文化水平的读者设计的书。

四是内容安排上特别注重励志及健全的人格心理引导培养,在叙说传主生平事迹时,适当地自然地凸显这些方面的思考。

丛书取名"常春藤传记馆",有特别的含义。"常春藤"是一种多年生常绿藤类灌木。美国哈佛大学等几所著名的私立大学,组成体育联盟,叫"常春藤盟校",其起名是因为这些老校的校舍墙上常攀缘有常春藤。本丛书以"常春藤传记馆"作为标识,是虚拟的意象,可以联想到著名的学府,也可以联想到古代的书院,从而营造浓郁的阅读氛围和宁静的心境。另外,"常春"和"长春"同音,暗含这套丛书是由长春出版社出版的。

但愿广大师生喜欢这套书,也期盼大家提出批评建议,共同来经营好这套书,让"常春藤传记馆"更好地满足广大读者,特别是中小学生课外阅读的需求,满足语文教学的需求。

2016年6月30日济南历下

(温儒敏,山东大学一级教授,北京大学中文系教授,教育部聘义务教育语文教科书总主编)

目录

第一章　顽皮而快乐的童年 / 001

　　百年前的"90后" / 001
　　社会是一本大书 / 007
　　两个马铃瓜引发的考试 / 012
　　夏侯桥畔的新学堂 / 016
　　扛枪骑马武少年 / 021
　　结社办报当"盟主" / 027

第二章　中学毕业生的选择 / 033

　　苏州的光复 / 033
　　毕业执教言子庙 / 038
　　"六腊战争" / 043
　　中了头彩的婚姻 / 048

做了"甪直"人 / 053

第三章　新文学的干将 / 058

　　新青年的觉醒 / 058

　　文学研究会的实干家 / 063

　　中国公学风波 / 068

　　创办第一个新文学诗刊 / 074

　　到北大去 / 079

第四章　"我"是编辑 / 084

　　商务印书馆的编辑 / 084

　　立达学人同声气 / 090

　　五卅风暴伸"公理"/ 095

　　与鲁迅的交往 / 101

　　作家的"星探"/ 106

第五章　"开明"的创业 / 112

　　跳槽"开明"/ 112

　　"开明"的语文科教材 / 118

　　与青年交朋友的《中学生》/ 124

　　举家之力的《十三经索引》/ 129

　　夏叶结亲 / 133

第六章　西入巴蜀 / 139

　　西迁路上 / 139

　　重庆十月 / 144

　　乐山的婚礼 / 150

　　大轰炸之后 / 155

　　受聘四川教育科学馆 / 162

　　五十初度 / 168

第七章　东归沪上 / 174

　　为台湾回归编教材 / 174

　　乘着木船出川 / 178

　　开明书店二十年 / 183

　　为朱德总司令醉酒 / 188

　　涓泉归海赴北平 / 192

第八章　新中国文教事业的奠基人 / 198

　　主持教科书编写的"国家队" / 198

　　出版总署的副署长 / 203

　　为语言的纯洁和健康而斗争 / 207

　　主持编写《新华字典》/ 212

第九章　鞠躬尽瘁风范存 / 217

　　我呼吁 / 217

　　海棠花会 / 222

　　伤逝 / 227

第一章
顽皮而快乐的童年

百年前的"90后"

我们在语文课中已经多次接触"叶圣陶"这个名字,他是现代著名的作家,还是最早从事现代语文教育、在语文教材编写方面有过开拓性贡献的专家。既然这位"大腕"和语文有如此密切的关系,那么同学们一定很想知道他的生平事迹。

1894年10月28日,叶圣陶出生于苏州城内悬桥巷一户普通人家。悬桥巷现在并没有什么悬桥。据说,明代大太监魏忠贤曾在巷内建了道观,出于安全考虑修了座悬桥,小巷也就跟着更名为悬桥巷了。但更多人认为,这是县桥巷的讹误。唐代的时候苏州设置长洲县,县衙东边的桥即名县桥，桥东边的巷子就称县桥巷，苏州方言中"县"和"悬"读音相近，时间一长，人们就称呼这条小巷为悬桥巷了。这位后来闻名于文学、教育、出版等领域的杰出人物出生时，并不叫叶圣陶，而叫叶绍钧。用现在的说法，他是一位"90后"，不过那是100多年前的"90后"。

　　以前的人，出生时起个名，男的快成年了，还要再起个"字"或"号"，长辈依旧直呼其名，但朋友、平辈之间则不能直呼其名，那样很不礼貌，他们都以字或号相称以示亲近。"绍钧"这个名，大概是他的堂叔给取的，因为家里认真读过"子曰"的人就是他了。1906年，叶绍钧要报考童生了，堂叔给他取了号——"秉臣"，取自《诗经·小雅·节南山》的"秉国之均"。均，即钧，制陶器时用来把泥团旋成陶坯的转盘，引申为权柄。"秉国之均"的意思就是掌握治理国家的枢纽，这样的人应该就是"臣"了。后来，叶绍钧上了中学，有位叫沈绥成的老师给他又取了一个号——圣陶。这位沈老先生熟读经书，当场写下"圣陶"两个字，又用小字注明"圣人均陶万物"。叶圣陶一直想知道这句话的出处，可是始终没有找到。他只知道，"陶"是烧制瓦罐的黏土,"钧"是制陶坯的转盘,"均陶"大概是塑造、陶冶的意思,而"圣陶"二字就是用圣人之道来陶冶自己的意思吧。从此,"叶圣陶"这个名字就叫开了。

叶氏的祖辈在苏州也算大户,经营生猪行,生意红火,曾买下了半条街,人称"叶半街"。可惜太平天国运动袭来,叶家的产业遭受战火焚毁,人丁逃散,家道由此败落。到叶圣陶的父亲叶钟济时,已经没有什么产业,只好以给人当账房谋生。那时苏州许多大户人家会请人帮忙管理田租、账务等事项,叶钟济就在一户姓吴的人家当账房。每年秋收的时候,叶钟济必须要将收租的单据准备齐全,填写清楚佃户姓名、地块位置、大小和等级,然后根据本年水旱情况,由官府核准的成数,算出每块地该交多少稻谷,再按市场公议的谷价,折算成银两,算出账目。工作繁琐,收入却并不高,而且还要维持一家人的生计,叶家的家境常常遇到窘迫的情形。

叶圣陶出生时,父亲叶钟济47岁,母亲朱氏30岁。可以想象,这对老来得子的夫妇是多么高兴,他们对独生子也寄予了深切的爱和希望。叶圣陶3岁时,父亲亲手写了方块字,一个一个教他念,让他描红纸。到了6岁上私塾时,叶圣陶已能认3000多字了。母亲则常常抱着小叶圣陶让他坐在膝盖上,给他唱童谣和民歌。多少年过去了,叶圣陶后来编写小学国文课本时就收入好几支经他加工过的苏州童谣;有一回给中学生做讲演,还引用过童年时唱过的《踏水车》:

> 嗯呀嗯呀踏水车,水车盘里一条蛇,游来游去捉蛤蟆,蛤蟆躲在青草里,青草开花结牡丹,牡丹娘子要嫁人,石榴姊姊做媒人,杏花园里铺行嫁,桃花园里结成亲,爹爹交我金桂子,姆妈交我水红裙,水红裙浪多个裥,裥裥全是玉蜻蜓,长手巾揾房门,短手巾揩茶盏,揩得茶盏亮晶晶,倒杯茶来请媒人,媒人说得三间园堂四间厅,络里晓得一间草棚两头门。

1900年春,6岁的叶圣陶被父亲送进了巷子里的陆姓私塾。课堂是花园中的一座大厅,挂着一块题着"报春草堂"字样的匾,厅中草木繁茂,建有石山亭阁,环境幽雅。私塾的老师姓黄,先教念《三字经》《千字文》。那时的学习,非常看重"读",熟读到能背诵了,老师才会继续教。叶圣陶在这里待了一年,陆家的各房闹着分家,这座大宅院被分片变卖,私塾自然就停办了。

离开了陆家私塾,叶圣陶又被父亲送到了张元翀老师开设的私塾中。张先生是有名的严师,戒尺不离手。私塾里的学生年龄和学习程度不一样,所以学习的是不同的内容,有的念《论语》,有的念《孟子》……张先生就一个一个教。当天教的,第二天要照着老师教的背出来,如果背不出来,张先生就拿戒尺打手心。叶圣陶的父亲一方面担心儿子挨打,一方面又对儿子寄予厚望,于是规定叶圣陶只有念熟了当天的功课,才能吃晚饭。勤勉的努力,自然有回报。在其他小朋友常常因为背不出书挨老师打的时候,叶圣陶则从不用为此担忧。著名历史学家顾颉刚和叶圣陶是从小一起长大的伙伴,当时一起在张老先生的私塾里读书。有一次,顾颉刚因为背书忘词了急得直哭,叶圣陶就在一旁偷偷牵着他的袖子提示他。多少年后,顾颉刚写诗回忆这段经历:"默诵脱句涕涟涟,彼此目视袖怯牵。"

当叶圣陶读完了"四书"、《诗》《易》《左传》这些书后,就要开始学写文章了。张老先生出的题目是《登高自卑说》,写作前特意提示文章主题要写到"为学"方面。叶圣陶依着老师的吩咐,写了80多字,结尾总结道:"登高尚尔,而况于学乎?"张老先生看了,颇为满意,提笔就在"而"和"乎"字旁都加了双圈,意思是写得不错。叶圣陶的开笔之作,旗开得胜。

在私塾的学习也不只有念书,儿童的天性是什么也挡不住的。鲁迅小时候在三味书屋上私塾的时候,不也爬花坛折蜡梅,攀桂树寻蝉蜕,捉了苍蝇喂蚂蚁吗?叶圣陶和他的小伙伴也不是安静的小男孩儿。上课时,他们会乘着老师不注意,偷偷玩"通信游戏"。他们那时都留着辫子,就揪几根长头发,一根一根接起来,套在各自的桌子腿上,绷得不太紧,能够拉动,可又不会落下来,把这当作线。然后写个小纸条儿,对折一下,让它骑在"电线"上,然后轻轻抽动"电线",小纸条儿就移到同学身边去了。同学看了小纸条儿,写个回条,照样把它移过来。这样,大家表面上各念各的书,实际上却在"秘密通信"。如果老师走近了,他们就把"电线"掐断,头发落到地上,神不知鬼不觉。有一次,老师像是察觉到了什么,抬起头来四处张望,"电线"

上正传递写着"先生写文章,半天工夫没写一个字"的纸条,这要是被老师发现了那还得了!小伙伴立即掐断"电线",纸条落到地上,老师环顾了一下,最终还是没有发现他们的游戏。

如果遇到老师外出,小伙伴们就玩开了。教室隔壁屋子有一铺大炕床,他们就在炕床上演《武松打虎》。采来一丛球形的小花——满天星,插在耳朵边上,就成了舞台上戴着英雄节的武松,如果在前额上写一个"王"字,就成了景阳冈上的猛虎了。游戏的时候,可不都是"武松打虎",玩着玩着常常变成了"老虎"打"武松"。顽皮是儿童的底色,玩耍是童年的旋律。叶圣陶在严厉的私塾学习中也和大家一样,该玩的时候痛快地玩。

社会是一本大书

作家沈从文说:"我读一本小书,同时又读一本大书。"社会这本大书里有许多课本上没有的内容,比如祭祖、听戏、喝酒这些内容,想来就很意思。

祭祀祖先,是中国的一个传统。逢年过节的时候,人们都要祭祀祖宗,让故去的先人也享受过节的快乐，以此来纪念自己的家族，并祈求获得祖先的庇佑。苏州的民风淳朴，对于叶家和其他苏州百姓而言，祭祀是一件非常重要的事情。在家里进行祭祀时，一般挂上先人的画像，折好纸钱，备办案桌，设置香炉，献三牲，家族中的男性燃起香，恭敬地跪拜。春秋两季时，还常常要去上坟。祖坟大多在郊外，这一路上有平时见不到的景致。叶钟济每次带着叶圣陶上坟扫墓，路上看见匾额、牌楼、桥梁等，总要把有关的历史讲给儿子听，回家后让叶圣陶根据见闻写一个单子，就像现在的作文练笔一样。对于叶圣陶而言，最难忘的应当是去上坟时坐的"快船"。

"快船"是苏州人对苏州城里的船的叫法。这种船因为不需要经过什么大江大湖，所以吃水很浅，船底阔而平。从前，苏州的妇女回娘家或者老母亲看望出嫁的女儿，坐轿子嫌吃力就喜欢唤一条"快船"。在船里坐得舒服，既可以躺，还可以喝茶，正是江南人喜欢的出行方式。苏州人上坟也大多坐"快船"去，借此逃离繁乱，到城外宽阔清爽的河面上畅快地放松一下。叶圣陶从小和父亲出城去上坟，坐的就是这种船。

坐船，不仅能看到江河及沿岸的景致，更有

一样特别的享受——吃船菜。船家做的菜，对于那些平时吃馆子的人来说可谓新鲜。一是在船上吃，方式比较新鲜；二是常有河鲜，食材比较新鲜。此外，船家菜专供船客，只做一席，做一样是一样，汤水不混合，清楚精致，自然比普通饭馆里大锅大铲做出的要好吃。叶圣陶在1934年写了一篇散文《三种船》，文中提到了船菜，他回味道："每样有它的真味，叫人吃完了还觉得垂涎欲滴。"

苏州的街头有不少茶馆，市民在日常生活中少不了去茶馆。去茶馆，是去喝茶，也是去聊天、听说书。生于斯长于斯的叶圣陶，自然浸润其中。从七八岁起，私塾放了学，他就常常跟着父亲去茶馆听说书。说书，即苏州评弹，是苏州评话和弹词的总称。它用苏州方言说唱，是苏州文化的经典名片。苏州评话俗称"大书"，苏州弹词俗称"小书"。像"小书"《珍珠塔》《描金凤》《三笑》《文武香球》和"大书"《三国志》《金台传》《水浒》《英烈》，叶圣陶都听了不止一遍。"小书"说的是才子佳人，"大书"说的是历史故事、江湖好汉，这是内容的大概区别。"小书"在道白里夹着唱词，唱的时候说书人弹着三弦；如果是两个人登台，另外一个就弹琵琶或者打铜丝琴。"大书"没有唱词，完全是道白，但更重表演。在叶圣陶眼里，说"大书"的那把黑纸扇比说"小书"的更为有用，能化作《三国演义》中诸葛亮的鹅毛扇、赵子龙的长枪，能变作《水浒传》里李逵挥动的板斧，还能成为《明英烈》中胡大海手托的千斤石。说书艺人并不专说书中的事，往往还会根据需要加入许多"穿插"。这种"穿插"相当于现在的搞笑段子，说到精彩之处，满场听众都哈哈大笑，合不拢嘴。

去茶馆除了听说书，还会听到昆曲。这是中国最为古老的剧种之一，被称为"百戏之祖，百戏之师"，有"中国戏曲之母"的雅称。它发源于元末明初的江苏昆山，后经过魏良辅等人的革新，很快扩展到江浙各地。昆曲的特点是曲词典雅，行腔优美，以缠绵婉转、柔漫悠远见长。一般人听昆曲，最大的感受就是曲调的迂缓——如果遇到一个字延长到十几拍时，估计就难以听清楚究竟唱的是什么，而只在乎感受它的抑扬婉转了。所以叶圣陶说，听昆曲先得记熟曲文，能够通晓曲文里的故事和词藻，那才听得有味。如果说书、昆曲这些姑苏文化为叶圣陶的成长提供了江南的才气，那么喝酒则为他注入了洒脱和豪气。

叶圣陶从八九岁起就开始喝酒，喝的是绍兴酒。关于绍兴酒，最让人津津乐道的就是"曲水流觞"的故事了。东晋永和九年，书法家王羲之邀请了一群好友在绍兴兰亭过三月初三的上巳节。他们把酒装在酒杯中，任其随弯曲的溪水漂流而下，待酒杯流经谁的面前因溪边石头的拦阻而停下或打转时，此人便取杯饮酒并即兴赋诗。聚会后，得众人诗作集为《兰亭集》，王羲之借酒兴亲笔手书序言一篇，成就了日后被誉为"天下第一行书"的《兰亭集序》。据说，当王羲之在第二天看到自己书写的序言时，也为之惊叹，又书写了十几遍，却无法超越昨日的水平。

叶圣陶喝酒，不是在这样的文人雅士的聚会上，而是父亲带着去酒馆喝的。那时，父亲每天傍晚到玄妙观前街的老万全酒馆喝酒，叶圣陶从私塾放学出来就常常跟着父亲去酒馆。父亲规定自己喝十二两，儿子喝四两，父子俩合起来喝一斤。用现在的观点看，引导孩子喝酒是不适宜的，但在叶钟济眼里，也许儿子更是陪伴自己的酒友。叶圣陶在喝酒的经历中，接触到了更多的社会百态、人情世故，就像鲁迅笔下那个阅尽了孔乙己的遭遇的酒店小伙计一样。

两个马铃瓜引发的考试

1905年夏天，父亲决定让不满11岁的叶圣陶参加童试，提前熟悉科举考试的氛围，以免日后怯场。童试，就是考秀才，是科举考试的第一个环节，包括县试、府试和院试三个阶段。院试合格后取得秀才（生员）资格，才能进入府、州、县学学习，所以又叫入学考试。叶圣陶顺利地通过县试和府试，由舅父陪着到署府贡院参加院试。在苏州的风俗中，舅父有着重要的职责，一些场合中比父母的责任都要重大，比如为外甥剃第一次头，送外甥入科举考场以及分家时出来主持公道。

那时已经是清朝末期，科考远不如以前严格，什么书都可以带进考场，诸如《五经备旨》《应试必读》《应试指南》《圣谕广训》等都可以带着做考试的参考。考试时间定在子时。午夜前入考场，通宵答卷，快的第二天上午交卷，慢的考到下午。考试的前一天，叶圣陶向父亲提出要求：要我去，必须带两个马铃瓜。马铃瓜是一种长得像马铃的小甜瓜，想来小孩都是爱吃的。叶钟济本来就怜爱儿子，这样的要求有什么为难？他专门准备一个轻巧的食篮，装了两个马铃瓜、七八个馒头、一包火腿，还有些花生米、西瓜子、橄榄之类的零食；另外，还给叶圣陶系上了红辫线。当时人们有一种说法，如果孩子年幼而且长得清秀，就用红绵线编辫子，使他看上去显得可爱，主考官看了心生喜爱，就会在人名簿上做个记号，阅卷时给出好成绩。

舅父和叶圣陶在夜色中出发了。舅父提着考试要用的各种东西，叶圣陶则坚持自己来提食篮。夜行的路上并不浪漫，四周的虫鸣声衬出荒凉的气息，叶圣陶觉得手里的篮子似乎也越来越重了，可是一想到篮子里有带着可爱花纹的马铃瓜，就又有了力量，来回变换着手提着。到了考场，时候还早，他突然感觉非常口渴，心想：如果拿出一个马铃瓜来吃，岂不爽快？可是周围有许多人，一个人吃瓜是不是不太合适？如果分给大家，自己是不是就吃不到多少了？思来想去，他忍住了。

候场点名了。仪门前黑压压地挤满了人，小小的叶圣陶在人群中被挤来挤去。他很担心，但担心的不是自己，而是篮子里的马铃瓜——假如瓜被挤烂了怎么办？早知道，刚才就吃了啊。好不容易点过名，叶圣陶离开舅父独自走向考场。仪门装上了门槛，高高的门槛都到了叶圣陶的胸部，两手还提着重物，别说跨过门槛就是爬过去都没有办法。叶圣陶不由自主地放下东西，这时有人过来，带着谑笑的口吻说道："小孩子，过不去了，我把你抱过去。"于是拦腰一抱，待放下时，叶圣陶已经在门槛以内了。

考场齐着屋檐挂着许多小红灯，把甬道照得发白。小红灯上带着编定的号数，考生据此寻找自己的考棚。叶圣陶几经探望，终于找到自己的考棚，他便就像看见家门一样，奋力奔过去。一进考棚，他便把手里提的东西搁在木板上，接着又取出早已经准备好的白蜡烛，划着火柴点着了，再用烛油胶在木板上，这才缓了一口气，仿佛终于把这个小世界占领了。坐定后，叶圣陶的第一个念头是可以吃瓜了！他急忙从篮子里捧出可爱的马铃瓜，"先吃半个吧。"他一边想，一边剖开了瓜。起先是用小刀划着方块吃，后来直接沿着瓜皮切瓜，一块一块吃到只剩下薄薄的皮，这才想起吃多了。

刚吃完瓜，主管教育的学政就坐着藤轿子进

了大堂。不一会儿，就有人拿着白纸灯在甬道上慢步走过，灯上写的是考试的题目。考生们紧张起来，都围上去看考题。叶圣陶个子小，站在走廊边根本看不到白纸灯上的题，他干脆爬上桌板，站直了，这样才把题目抄了下来。题目对于叶圣陶来说，有点生疏，他回忆着自己读过的经书，似乎都没有相关的语句。不过叶圣陶并不焦虑，他心里惦记的是那个剩下的马铃瓜。也许早点吃了它，才能定心作文。这一回，叶圣陶没有只吃半个的打算了，他要一口气全吃掉。咬到最后一口时，叶圣陶心里还在嘀咕：这个瓜好小啊。吃完了瓜，还是没有作文的思绪，看来只有吃花生米和西瓜子了。小零食是可以打发时间的，况且孩子到了夜里是要睡觉的。就这样浑浑噩噩，磨磨蹭蹭到了白天，肚子又饿了，这时馒头夹火腿派上了用场，叶圣陶有点后悔：吃得口渴了，如果之前不着急，留一个瓜到现在吃那该多好！

　　一直到午时，所有的东西都吃完了，叶圣陶终于开始着手写文章了。他翻看带来的参考书，找出考题的出处，照着书上的注解写了文章的第一句。写完了第一句，再想第二句，写了三四句后，就要一个一个数字数了，看看还差多少字。就这样写了差不多200字，离考试要求的300字还差大约100字就接不下去了。看着先交卷的人一排一排地出去了，叶圣陶发现自己居然满身是汗……最后他终于憋出了一百来字，总算交了卷。18年后，叶圣陶回忆自己参加科考的经历，并写了一篇小说《马铃瓜》。小说的最后，"我"走出考场，想到的是回家一定让父亲再买两个马铃瓜。

这次考试，叶圣陶本来就没有放在心上，结果自然是没有考中。在他参加完童试后没多久，清政府宣布从1906年起废除科举。一场由马铃瓜引发的考试使叶圣陶成为我国最后一次科举考试的经历者。这个经历也使他成为没有参加过科考的同学们羡慕的对象。用现在的话说，他成了书塾里的"牛人"。

夏侯桥畔的新学堂

科举考试废除了，私塾书院自然也落伍了，新式学堂如雨后春笋破土而出。1906年，长元吴公立高等小学堂（当时简称"公高"）在苏州城创立，校名来自苏州三县"长洲县""元和县"

和"吴县"县名首字。当时人们对新式学堂不了解,与科举比对,传言小学毕业相当童生,中学毕业相当举人。叶钟济想:既然念完小学就是童生,就让儿子去读读看吧。于是,叶圣陶报名参加小学入学考试,考试的题目是《征兵说》。毕竟见过科举考试这样的大场面,叶圣陶以高分被录取了。

长元吴公立高等小学堂在夏侯桥东边的十梓街,离叶圣陶家有三四里地,每天上下午两个来回,叶钟济心疼儿子路途辛苦,一横心,把家搬到了离学校更近的濂溪坊。开学那天,叶圣陶和他的好朋友顾颉刚手拉手跨进了小学大门。新式学堂果然有新的气象。教室是新刷过的大厅,明亮的窗户上挂着五色纸环连成的彩带,精致的风琴,惹得孩子们都想摸一摸。课桌的桌面可以掀起来,椅子带着靠背,墙上挂着崭新的黑板,就连粉笔也是从日本带回来的。还有各种以前没听过的科目:算术、地理、博物、音乐、美术、手工、体操……以前的书塾里哪里有过这样的景象,新式学堂从一开始就显示了强大的生命力。

为了兴办新式教育,当时苏州有不少老师是从日本学习归来的,"公高"里就有章伯寅、朱遂颖、龚赓禹、杜安伯、罗树梅、孙雨苍、赵至善等。这些老师似乎是通才，往往一人身兼多课，比如章伯寅教历史、地理、音乐、修身，杜安伯教英文、算术，龚赓禹教经学、博物。他们的教学方法也不再是书塾老师的诵读和背书，而是新式的教法。比如博物课，龚赓禹老师就会带一粒蚕豆一棵油菜来到课堂，跟学生讲哪个是蝶形花冠，哪个是十字形花冠，他还掰开花瓣，教学生识别雌蕊雄蕊。对植物的学习，不仅仅是看书，还要有如此细致的观察，这是叶圣陶从来没想到的。后来他栽培花木的喜好，就是在小学时培养起来的。此外，在音乐课上，老师一边教大家唱歌，一边教表演，有时还让大家像士兵一样排着队，边走边唱行军歌。体育课则非常重视体操，除了徒手操"立正""开步走"外，还有哑铃、棍棒等器械操。

这些新气象不仅给孩子们带来了知识和快乐，更给当时腐朽萎靡的社会带来了重生的希望。那时，"公高"的门内门外就像是两个世界。校园外是衰落的苏州，鸦片烟流毒与日俱深，人们萎靡不振，暮气沉沉。校园内人们精神饱满，朝气蓬勃，课堂上的读书声、歌声，操场上的口令声、脚步声，此起彼伏，充满生机。其实兴办新式教育，对于当时被列强欺凌瓜分的中国来说，就是为了培养强健的国民和新式人才，以此救亡图存。所以"公高"把"养成尚武精神，实行民族主义"作为办校方针，倡导尚武、爱国。比如"公高"的校歌是这样唱的：

> 光绪丙午春，我吴进文明，学校如林立，尚武重征兵。

尚武在学校管理上表现为对体育的重视，"公高"每年都组织远足旅行，并称其为"修学旅行"。在远足中，"文史地"的老师对路途中的名胜古迹做详细的讲解，理科的老师则教学生们采集动植物做标本。叶圣陶非常喜欢"修学旅行"，对体育运动很有兴趣。他特别喜欢跳高，白天在学校练习，晚上回家后担心经过一夜的放松会降低已经能跳过的高度，就在屋子里继续练习。家里没有跳高的架子，叶圣陶就在两只凳子上面各加一个脸盆充当架子，上面搁着一根细竹竿，自制的跳高架就做好了。

章伯寅老师经常教育学生：要爱国就得先爱乡土，知晓乡土的山川地理、名人伟业；要爱国就得先知晓国家的自然地理、历代英杰。苏州沧浪亭西南角有座五百名贤祠,刻有五百多位自春秋至清代与苏州历史有关人物的平雕石像,比如春秋时期吴地始祖泰伯、仲雍,孔子唯一的南方弟子言子,以及儒学家董仲舒、顾野王、朱长文,文学家韦应物、白居易、刘禹锡、欧阳修、苏舜钦、范成大,艺术家米芾、唐寅,抗敌名将韩世忠、林则徐,直臣海瑞、周顺昌,高士梁鸿、陆龟蒙,忠义气节之士文天祥、顾炎武,等等。章伯寅老师常带学生来这里讲述名贤的故事,还特地指着顾炎武的石像,要学生们牢记这位乡贤说的"天下兴亡,匹夫有责"。章老师的教育给叶圣陶很大的影响。每到星期天,叶圣陶就与章元善、顾颉刚等同学相聚在园林或茶馆,谈苏州的人物地理以及社会事态,他们以范仲淹、顾炎武为骄傲,言行中已有"先天下之忧而忧,后天下之乐而乐"的气概。

1906年冬,历史课老师朱遂颖讲起华工"猪仔"的悲惨遭遇:美国修建横贯东西海岸的漫长铁路线,需要大量劳动力,于是蒙骗很多中国穷人去当苦力,这些劳工抱着谋生的希望,背井离乡,受尽非人待遇,更令人悲愤的是,如今铁路修建完毕，华工们却被驱逐出境。朱老师讲得声泪俱下，学生们听了义愤填膺，按捺不住心头的愤懑，于是列队上街游行，高呼支持华工、抗议美国政府的口号，并挨家挨户劝说不要用美孚油。美孚油是美国产的一种煤油，当时苏州还没有人用电灯，大部分人用的是煤油灯，叶圣陶和同学们倡议大家用国产的"菜油"，抵制美货。

爱国的种子就这样在叶圣陶心中落地、萌发。这也是那个时代的最强音，它启蒙了一个苏州少年对家乡、对国家、对社会的情感和责任。

扛枪骑马武少年

1907年初，苏州公立中学开始招生。在长元吴公立高等小学堂呆了一年的叶圣陶报名参加中学的入学考试，结果被录取了。

苏州公立中学位于苏州城内草桥的东南部，和"公高"一样，都是废除科举后苏州当地办的新式学校。草桥是一座可以通汽车的平桥，桥下有东西向的河，那时农民用船把苏州市民的主要燃料——稻草，运到这里挑上岸，所以这座桥被称为"草桥"，而苏州公立中学也被苏州人习惯性地称为"草桥中学"。如今，这所学校已更名为"苏州第一中学",校名是叶圣陶在上个世纪八十年代为母校题写的。

1906年冬,草桥中学首任校长蔡俊镛远赴日本,考察各地中学,了解国外先进的教育理念和教育制度。回国途中遭遇海上飓风,轮船在吴淞口无法入港,最后是一位老船手冒险驾舟,他才安然上岸。当年仁人志士出国求取振兴故国的经验,虽不比唐僧西天度难,但也伴随着危险和意外。蔡校长回到苏州后,学校终于正式开学。

学校在教育制度和课程设置方面参考日本的经验,开设的正课有国文、英文、算学、经学、博物、修身、历史、地理、化学、体操、唱歌、国画等,开设的供选修的附课有球类、国术、军乐、金石、丝竹、音韵学、尺牍、剥制(制作标本)、日语、法语等。这些课程和今天的课程有很多近似的地方,值得一提的是一项有鲜明时代性的教育方式——"军国民教育"。

"军国民教育"是在近代中国社会政治变革和救亡图存运动背景下产生的教育思潮,在面临列强欺凌、亡国灭种的特殊历史时期,它试图加强体育和军事训练,培育青少年强健的体质以及遵守纪律、团结坚毅的精神,从而实现富国强兵的目标。它在学校教育上的突出特点是重视体操、远足等体育类活动。叶圣陶在长元吴公立高等小学时就练习体操,时常远足。小学阶段的体操,主要是徒手操和器械操。徒手操就是一般的体操,器械操是用哑铃、棍棒之类的器械进行操练。到了中学,开始练习兵操。每人一支上了刺刀的后膛枪,大概七八斤重,腰间扎皮带,皮带上系着两个装子弹用的皮匣,后面再系上刺刀的刀鞘,一副军人装束。草桥中学的体育教师魏旭东是行伍出身,常常带领大家到学校旁边的王废基①操练和演习。

王废基是春秋时代吴王夫差的行宫,元末明初张士诚的王府,后来成了废墟,清末时这里变成兵营的校场,也是草桥中学学生游玩与休憩的地方。除了卧倒、冲锋、射击等项目需要操练外,最让同学们激动的是对抗性的军事演习。魏老师将学生分成两部分,一部分做埋伏,另一部分做侦察,双方交战,夺取对方帽子为胜。有一次叶圣陶执行侦察任务时,发现"敌人"埋伏在王废基的丛桑之中,还没来得及返回队伍报告,

---

①王废基,即如今的皇府基。位于苏州市古城区。

就被"敌人"夺去帽子"牺牲"了。还有一次,叶圣陶所在的"部队"驻扎在桥畔,派出"步哨五队"在四周放哨警戒,不料"敌人"居然越过警戒,偷袭成功。

小学时,远足活动主要是在苏州境内,比如游虎丘、东山、西山等地,到了中学则可到苏州境外,比如常州、无锡、南京、杭州等地。一路上军事化行军,有"军法部",每队都有队长,行动听军号指挥——步伐听军号,归队、散队听军号,起床、睡觉、吃饭也听军号。远足时,学校向军营借了粮食袋和水壶给学生携带物资,大家把粮食袋挂在左腰间,水壶挂在右腰间,这身装备对于学生来说虽然有些笨重,但大家都以此为荣,恨不得再背一个行军包就更像一名士兵了。至于枪,就更不用说了,同学们把枪擦得乌黑发亮,枪柄不留一点污迹,人人扛着枪,绑着子弹袋,散发出雄赳赳气昂昂的军人气概。叶圣陶在扛枪行军中,还会唱行军歌鼓舞大家:

> 哥哥手巾好作旗,弟弟竹竿好作马,邻家兄弟拿枪来,去到山中演兵马。山中处处下大雪,路上无人飞鸟绝,北风吹面似尖刀,黑衣变作白衣色。我等不怕色,哪怕风

与雪。山中喇叭呜呜吹，山下人家出门看。山下人家你莫怕惊，我等不是外国兵，也非山中有盗贼，乃是学生放假来演兵。将来替你打胜仗，保我四万万人民都安宁！四万万人民享太平！

在"军国民教育"中，草桥中学形成了严明的纪律和校风。1910年秋，学校组织学生到南京参观南洋劝业会。劝业会，是为了鼓励工商业人士在国内发展实业而陈列各地特产、古物、名胜的模型以及进口产品，类似于今天的博览会。这对孩子们来说是多么有吸引力啊。那天刚到会场正门，忽然天降大雨，同学们却不慌乱，像军人一样，行动有序，服从指挥，停步立正，双队转向，报数，搭枪架，然后才散开去各馆参观。第二天，南京各家报纸刊登新闻，报道称赞此事。同学们以此为荣，犹如得到勋章嘉奖。

叶圣陶在中学期间发展了体育爱好，其中足球和骑马两项运动给他留下了不一样的记忆。那时学校里的运动场刚铺上一层小石块，还没有铺沙土，叶圣陶和同学们就迫不及待地上场踢球了。一天傍晚，在球场上奔逐时，突然一球猛击到叶圣陶的左颊，他来不及反应就倒在地上，等起来后才发现右膝盖皮肉绽裂，鲜血直流。同学们扶他回家养伤。伤口恰巧在关节活动处，只要稍微一动，凝合的地方就会裂开，血就又涌出来了。叶圣陶一动不动地卧床一个星期才能起床。从那以后，他对足球就有了阴影，自然不再踢了。

而骑马的遭遇更是惊险。在中学的第二年，学校闹学潮，乱哄哄的没人管。叶圣陶和同学们就约着去骑马玩耍。骑马的地方就在学校旁边的王废基，马是租的，一小时一毛钱。大家刚开始骑的时候，由马夫牵着马走，经过几天的训练，就不用马夫牵了，各自执着缰绳纵着马走。等身子能保持平稳，两条腿能夹得住马背，就可以自己通过缰绳指挥马，一会儿"小走"，一会儿"跑开"。十几匹马在广场上驰骋奔跑，多么威风！在一次策马奔腾的时候，叶圣陶不知怎的，腿劲一松，从马背上摔了下来，立刻昏了过去。三个多钟头后醒来，已经是在学校的宿舍里了，旁边的同学说，幸亏他是从马背左边摔下来的，否则非被右后方飞奔而过的马践踏到不可。叶圣陶大难不死，苏醒后居然没有什么疼痛的感觉。后来学校恢复了秩序，他再也没有去骑过马了。

结社办报当"盟主"

现在的学校都有学生社团,比如文学社、音乐社等。那时的中学生也兴办各种社团。1908年,入草桥中学的第二年,叶圣陶和王伯祥、顾颉刚、吴宾若等同学组织了一个诗社——"放社"。社名受白居易《放言》组诗的启发,寓意无所顾忌,畅所欲言,抒发志向。

既然是诗社社员,自然要有诗家的风度,叶圣陶是最有诗人风度的。他写得一手好篆字,手中握着大折扇,扇面上写满了匀称工整的小篆字。他喜爱刻图章,因为饮酒的缘故给自己刻了一枚"醉泥"章;为了赏玩,还从《西厢记》里摘出"隔花人远天涯近""想得人心越窄"之类的语句刻成图章。这些洋溢着儒雅倜傥的举动令其他同学羡慕不已。

最令大家佩服的,当属叶圣陶作诗的才能了。叶圣陶从书塾中"开笔",一直到进了中学,都按期作文,但这种作文用叶圣陶自己的话说,是强迫的练习,不是自动的抒写,他认为自动抒写的开始是作诗。大概在十二三岁时,叶圣陶偶然在家里发现了一部《唐诗三百首》和一部《白香词谱》,他越看越喜欢,对诗词产生了浓厚的兴趣,后来也开始自己试着作诗。叶圣陶写的第一首诗是咏月的绝句,多少年过去了,他还记得诗的第一句——"纤云拥出一轮寒"。那时周围的同学还不太会作诗,即便有人能写出一两行诗句,也总不如叶圣陶构思的深细和直率,于是叶圣陶被公认为诗社的盟主。

诗社是作诗的社团,自然少不了练习嵌字、对对子这些基本功。嵌字,就是把几个特定的字或词,分别嵌入句中,表达一定的意思。比如这副关于桂湖的对联——"桂蕊飘香美哉乐土,湖光增色换人间",既概括了桂湖的景色特点,又巧妙地嵌入了"桂湖"这个地名。再如写象棋的诗:象棋在手乐悠悠,苦被严亲一旦丢。兵卒坠河皆不救,将军溺水一齐休。马行千里随波去,士入三川逐浪流。炮响一声天地震,象若心头为人揪。据说,明代王阳明少年时爱下棋,耽误了学习,母亲一怒之下将象棋丢进河里,王阳明就作了这首诗,巧妙地嵌入了"卒、兵、将、马、士、炮、象"等棋子的名称。

对对子,就是一个人出上联或下联,由另一个人对下联或上联。对对子有一些要求,比如上下联字数相等，内容相关，词性相当，结构相称，平仄相谐等。这种文字游戏对作诗很有帮助，清代李渔《笠翁对韵》中举到一些对子的例子：

> 天对地，雨对风。大陆对长空。山花对海树，赤日对苍穹。雷隐隐，雾蒙蒙。日下对天中。风高秋月白，雨霁晚霞红。牛女二星河左右，参商两曜斗西东。十月塞边，飒飒寒霜惊戍旅；三冬江上，漫漫朔雪冷渔翁。

大家都熟悉的鲁迅先生，他小时候在三味书屋读书时也要练习对对子。有一次，寿镜吾先生出了个三字对：独角兽。孩子们七嘴八舌地对起来：双头蛇、三脚蟾、六耳猴、八脚虫、九头鸟、百足虫……寿镜吾先生都不满意。小鲁迅对道："比目鱼。"寿镜吾先生听了非常高兴，称赞道："好，对得好！'独'不是数词，但有'单'的意思；'比'也不是数词，却有'双'的意思。""比目鱼"对"独角兽"，对得多精彩！叶圣陶和他的社团小诗人们也练习各种对子，比如"冰雨洒窗，东两点，西三点；切瓜分客，上七刀，下八刀""三塔寺前三座塔，五台山上五层台""木已半枯休纵斧，果然一点不相干"，等等。

对对子练习得差不多了，他们还玩"诗钟"。"诗钟"是清代文人之间流行的文字游戏，因限一炷香功夫吟成一联或多联，香尽鸣钟，所以叫作"诗钟"。《风月谈余录》中具体描绘了"诗钟"的玩法："构思时，以寸香系缕上，缀以钱，下承盂，火焚缕断，钱落盂响。"小孩子们玩"诗钟"，别有一番趣味。"盟主"叶圣陶出各种题考验社里的小诗人，比如以"青蛙""雨伞"之类为题做对子，还比如将"小红""如意"这样的词嵌入上下句，更无厘头的时候还出过把不搭配的字词嵌入上下句，比如要求上句嵌入"天"，下句嵌入"花"，上句嵌入"初听见"，下句嵌入"暖瓶"。叶圣陶出完题，就点燃一炷香，等香烧完了，如果小伙伴们对不出来或者对的不合格就要罚酒。

除了主持诗社，叶圣陶还办刊办报。那时社会办报之风渐盛，近代报刊史上有名的"横三民"——《民权报》《民国新闻》《中华民报》和"竖三民"——于右任办的《民呼日报》《民吁日报》《民立报》，都是这一时期出版发行的。叶圣陶在中学三年级时，和顾颉刚、王伯祥等同学组织"国学研究会",创办《学艺日刊》。这个油印刊物的主要内容是把不易见到的"秘籍"刊印出来,发给同学们,丰富大家的见识。为了了解更多的"秘籍",叶圣陶和同学逛书摊,访书贩,把零花钱都拿出来买书;遇到好的"秘籍",他们就每天抄录几页刊发。刊物不仅刊发过《龚自珍读书诀》这样的学习"秘籍",还有《艺兰要诀》这种讲种植兰花技术和诀窍的秘籍,可谓五花八门。

1911年,升到中学五年级的叶圣陶和好友王伯祥又创办了年级小报《课余》,后来又改报名为《课余丽泽》。丽泽,语出《易·兑》:"丽泽,兑;君子以朋友讲习。"丽,连的意思;兑,表示喜悦。这句话的意思是泽水相互流通滋润,彼此受益,因而象征喜悦;君子应当效法这一精神,乐于和志同道合的朋友一道研讨学业,讲习道。报名加了"丽泽"二字,突出了叶圣陶办报的理念——以文交友,共同学习。

这份年级小报是钢笔版油印,报纸内容主要由同学们写稿,有论说、翻译、诗文等,另有专门的同学负责画图。叶圣陶抄录他很喜欢的苏曼殊和南社诗人宁太一、景耀月、柳亚子等人的作品，还翻译过当时据莎士比亚剧本改编的故事集《莎氏乐府本事》。在办报过程中，叶圣陶自己刻写钢板，自己印发，每期两三张。虽是年级小报，但影响力却超出了年级，全校都在传看这份报纸。后来叶圣陶认为这算是他发表文字的开始。

第二章
中学毕业生的选择

苏州的光复

1911年,叶圣陶上中学五年级时,辛亥革命爆发了。当年10月10日,湖北新军在武昌发动起义,反抗清政府统治。革命军在夺取武汉三镇后,成立湖北军政府,改国号为中华民国,随后各地纷纷起事响应。革命爆发的1911年是阴历辛亥年,史称"辛亥革命"。革命的爆发是历史的必然,清政府统治下的中国积贫积弱,国内民生疾苦,国际上任列强宰割,辛亥革命之前就有壮烈的广州黄花岗起义和浩荡的四川保路运动,可以说清政府统治下的民心已去,人们都在等待黎明的到来。

武昌起义的消息传到苏州,叶圣陶万分欢

喜，他认为武昌地理位置重要，若革命成功，可以直捣金陵，北进燕赵，推翻清政府指日可待，到那时国家的面貌将焕然一新。他和同学们迫切盼望革命能成功，在学校里也无心读书，每天最重要的事情就是看报纸。当时消息灵通的上海报纸，每天下午一点运到苏州，大家就安排一名同学，在下午两点课间休息的十分钟里，飞奔到宫巷的桂芳阁茶馆里，向卖报人买了报纸，再快跑回校，大声宣读有关战事的消息。

10月20日午后，报纸来了，可是关于革命军战事的消息各家报纸报道得却不一样：《民立报》说革命军胜利了；《时报》说不分胜负；《字林西报》却说革命军失利了。原本抱定能收到革命军胜利消息的叶圣陶想到革命军可能失利，革命前途难料，心情顿时郁闷起来，也没有心思上课了，居然坐在课堂上发了一下午呆。第二天，叶圣陶吃过午饭就请假去茶馆等着从上海运来的报纸，等啊等，终于等来了，他急忙买了一份《时报》，报纸的第一条专电就对昨日的消息做了进一步的报道。原来那天的战斗，革命军佯装失败撤退，引诱清军深入后再包围攻击，最终击毙清军四千余人，取得了战斗的胜利。叶圣陶长吁一口气，这才安下心来。回到学校时同学们正在上经学课。大家知道他买了报纸回来，偷偷地向他要来看，一看到报上专电的消息，都高兴极了。虽然老师在讲台上，但大家兴奋得顾不上老师是不是会批评，暗自互相传话，分享胜利的消息。课一结束，大家便奔出教室，欢天喜地地四处宣告革命军胜利的消息，没一会儿，各个班级都传出了庆祝胜利的欢呼声。

武昌起义后，各省纷纷响应，宣布脱离清政府统治，江苏的独立只是时间问题。1911年11月5日早上，叶圣陶起床后像往常一样吃早饭，突然叔父从街上回来说了一个消息："苏州已经光复了！"叶圣陶又喜又惊，没想到苏州这么快就光复了，可是怎么没有听见激烈的枪炮声和厮杀声？叶圣陶立刻约上好友顾颉刚去看新成立的都督府——仍是原来巡抚的抚台衙门，只是挂了白旗，贴了告示，这就算革命了。其实，苏州的光复和许多地方一样，都是"光荣革命"，巡抚大人摇身一变，就成了"革命政府"的都督。民间的小道消息说，因为没有战斗，太不像革命的样子，江苏巡抚程德全让人把衙门檐上的瓦片捅落了几块，以示革故迎新。不管怎么说，革命的风潮已经来到苏州,虽然苏州市井仍是平日般景象,小茶馆里依旧坐着打着呵欠的茶客,但革命毕竟来了。

在光复的日子里,为了维护地方稳定,使军队尽力于外,苏州学军界组建"学团",负责协助城内的巡防治安。军国民教育在动荡的时期发挥了作用,叶圣陶报名参加了草桥中学的学团。苏州光复的当晚,他和同学们穿上黑衣黄裤,臂膀上围上象征革命的白布,背上枪,在腰间缠上弹夹和刺刀,一副革命军人的装扮。大家在操练整队后,步出学校巡城。这样巡逻了两天,第三天晚上巡逻至十二点,不少人都疲倦了,于是午夜过后叶圣陶佩上指挥刀,只带四名同学荷枪继续巡逻。冬季苏州的凌晨是很寒冷的,叶圣陶借了件大衣披上,一直巡逻到四点钟才返校休息。

没过几天,叶圣陶发现,有些参加革命的人并没有做好准备。11月12日,有消息说学团将要扩充,以备南京方面的清军前来攻打时上前线支援作战。有些之前高呼支持革命军的学团队员这时却慌了,连忙要索回早前加入学团的签名单。还有人主张解散学团,理由是并不知道学团要打仗,现在要重新签名。对于那些把革命当作口号和游戏的人来说，叶圣陶耻以为伍，他坚持留在学团，准备保卫苏州，捍卫光复的成果。

1911年12月，孙中山从海外回到上海，随后各省代表在南京召开大会，选举孙中山先生为中华民国临时大总统。草桥中学的校长袁希洛是江苏省的代表，叶圣陶和同学们为有这样的校长而自豪。1912年1月，袁希洛校长从南京抽空回苏州，同学们知道他回学校了都说想和他合影留念。袁校长答应了，可大家突然发现穿的衣服都是长袍马褂，实在不应景，于是有人提议都穿西服，以示新气象，众人一致同意。有西服的同学回家去穿西服，叶圣陶和几位同学没有西服，只好四处寻亲访友去借。最终大家在11点按时集合，叶圣陶穿着借来的大衣外套，系着一条大围巾，站在人群后排的犄角处，与袁希洛合了影。

1912年1月15日，苏州城庆祝光复后的第一个元宵节。城里张灯结彩，到处飘扬五色旗——这是中华民国建国之初北洋政府的国旗，旗面按顺序为红、黄、蓝、白、黑的五色横条，表示汉、满、蒙、回、藏五族共和。叶圣陶和同学们提着灯笼穿街过巷，徜徉于人海。夜晚返校后，在校门前燃放花炮，吸引了许多人前来观看，兴奋之时，大家发出"民国万岁"的欢呼声。叶圣陶和苏州城就这样在火树银花中度过了光复的流年。

毕业执教言子庙

1912年1月,17岁的叶圣陶在草桥中学度过了第五个年头。面临毕业,是继续求学,还是到社会上工作,是同学们都要考虑的问题。叶圣陶似乎没得选择,社会的动荡、家庭的贫寒使叶圣陶早已做了打算——尽快找到工作,解决生计。

当时班里还有三位同学也急着找工作,于是叶圣陶以他们四人的名义给袁校长写信求助。这不是叶圣陶第一次代表大家写信了。苏州光复后,当地教育会一个与草桥中学有宿怨的人,假公济私,图谋停办草桥中学。同学们推举叶圣陶以草桥中学全校学生的名义撰写声讨书,并发表在报纸上,驳斥对方的险恶用心,维护了学校的声誉。这也不是叶圣陶第一次给校长写信了。苏州光复期间,草桥中学停课的时间比较长,复课后,毕业班的学生希望免于参加毕业考试,便推举叶圣陶代表全班给校长写信,陈说免于考试的理由,并建议参照各学期分数评定毕业分数。袁校长最终采取了一个有利于同学们的补救办法——学生先将缺的课补全，之后安排开卷考试，同时让老师提前将预备好的考试题目告诉学生，以此保证同学们如期通过毕业考试。

　　这次叶圣陶的去信并没有取得料想的结果。信中他表达了对革命的向往，希望追随袁校长到南京临时政府工作。袁校长却认为南京政府中没有合适的岗位，而且他并不希望自己的学生从政，他想到的是苏州光复后各行各业都需要新式的人才，特别是教育界需要新式的教师，所以希望学生们能在苏州从事教育工作。在袁校长的劝导下，叶圣陶逐渐改变了就业的看法，认为教育是高尚的事业，教师也是不错的工作。就这样，在袁校长的推荐下，叶圣陶有了自己的第一份工作——到苏州干将坊言子庙小学当老师。

　　干将坊言子庙小学——地名和校名里分别有一个吴地的名人。一个是春秋战国时期吴国铸剑大师干将，另一个是孔子的得意门生、七十二贤人之一的言子。这所初等小学离草桥很近，往西走一百多步就到了，起初只有3个教室，3位教师。一、二年级合并在一个教室上课，采用复式教学的方法，叶圣陶担任一、二年级主任，这对刚工作的年轻人来说是个挑战；三、四年级则各有一位老师。开学前半个月,两位老师约叶圣陶一同去点数桌椅,这是他第一次走进即将工作的地方,课堂和设备的简陋也在意料之中。1912年3月开学后,由于报名入学的学生太多,当局又增派了一位老师前来。这样,叶圣陶就专任二年级主任,教授二年级修身课、算术课以及二、三、四年级的国文课。

开学第一天,18岁的叶圣陶登上讲台。学生里小的七八岁,大的十一二岁,有些长得比较高的学生见叶圣陶比他们大不了多少,窃窃私语起来,也许在说老师看上去好小啊。叶圣陶看在眼里,心想:这大概就是"以貌取人"的意思了吧。他不在乎别人的看法,既然认定做了老师,就要有老师的样子。

叶圣陶首先尝试和学生做朋友。他说:"无论聪明的、愚蠢的、干净的、肮脏的,我都要称他们为'小朋友',那不是假意殷勤,仅仅浮在嘴唇边,油腔滑调地喊一声,而是出于真诚,真心要和他们做朋友的亲切表示。"上课时,他关心询问学生的家庭情况,了解他们的日常生活,有的小孩子衣服穿得歪歪扭扭,他会像父母一样为他们整理衣装。

叶圣陶特别注意培养学生的行为习惯。班上有几个学生上课爱说话，喜欢斜着坐，他专门开设"静坐课"，校正姿势，帮助他们改掉不良习惯。有的学生开关门窗不注意声响是否影响他人，他就教学生关门要轻声，不仅"砰"的一声要不得，就连足以扰动人家心思的"咿呀"声也不宜发出，直到孩子们随时随地开关门窗总是轻轻的，他才认为一种好习惯养成了。种植菜蔬时，根入土要多深，两株之间的距离要多宽，灌溉该怎样调节，害虫该怎样防治，他都要求学生仔细认真地完成，直到孩子们种植植物总是这样仔细认真，他才认为养成了一种好习惯。

叶圣陶对讲授的知识有自己的理解，并注重将学习的方法传授给学生。他教学生识字读书，不让孩子们像和尚念经一样，把各科课文齐声合念。他认为这样念，完全失掉了语言的自然状态，只是发声部分的机械运动，与理解、感受没有多少关系，而对语言的学习应该建立在理解的基础上。一个词，不但要使学生知道怎么念，怎么写，更要使他们知道词的含义，该怎样使用它才得当；一个句子，不但要使学生知道怎么说，怎么讲，更要使他们知道句子的语气和情调，该用在什么场合才合适；一篇故事，不但要使学生明白说的是什么，更要借此发展他们的意识；一首诗歌，不但要使学生明白咏的是什么，更要借此培养他们的情怀。教识字教读书只是手段，让他们养成语言的好习惯，也就是思想的好习惯，才是最终的目的。

当老师是辛苦的，当一个负责的小学老师更是辛苦。叶圣陶勤恳地从事着教师的工作，连星期天都不休息。他住的地方离学校很近，可还是专门雇了一个人送午饭，这样中午的时候叶圣陶就不回家吃午饭和午休了，将节省下来的时间都用在备课等工作上。

3月31日，叶圣陶领到了工作后的第一份薪水。校长把解开的纸包递给叶圣陶，说道："这是先生的薪水，20块，请点一点。"叶圣陶接过纸包，感受到了难以言道的沉重。白亮的银片排在一起，体积似乎很大，仿佛一时间难以数清片数。叶圣陶不知所措地瞪视手里的银元，突然想到：这该是我收受的吗？我的工作配得上收受这样的薪水吗？其实，20块银元，并不算高，而且当时家里上有年迈的外祖母和父母，下有两个年幼的妹妹，都需要他多挣钱回家补贴开销，这样的薪水是必需的。但叶圣陶对教育充满了神圣感，他对自己只是动动嘴就得到收入，而且还不确定学生是否收到教益，心里充满了惶恐。

"六腊战争"

每年阴历的六月和腊月，是学期结束的日子，对于教师来说，则是续聘的关键时刻——如果没有得到聘书，就表明失业了。要谋得教师的职位，既要凭真才实学，更要寻求各种关系，旧时代的教师在每年阴历六月和腊月奔走周旋于续聘之事，被辛酸地戏称为"六腊战争"。那时苏州的学校，也上演着这样的战争。尤其苏州光复后，新式教员将守旧派逐出学界，塾师出身的老教员，眼看着新式中学的毕业生一批又一批涌进小学，心里很不平衡。他们经常聚集在茶馆酒肆，谩骂泄愤，盘算着夺回他们丢失的饭碗。

1914年夏天，苏州"六腊战争"波及的范围比历年都大。叶圣陶却仿佛置身事外，直到有一天听校长说下学期有的小学可能换人，他还在日记上发表了一大段评论，说教师不宜频频更换，全没觉察这是校长有意向他吹风。第二天在茶馆里，就有其他学校的同行跑来告诉他："言子庙小学将裁去一个课堂,而裁去的教员正是你,赶快想办法吧。"叶圣陶当然得说"承蒙关照"之类感谢的话,至于找关系走门路,挤掉别人的饭碗,那是他无论如何做不出来的。过了两天,叶圣陶把这件事跟在学校里常聊天的钱君说了。钱君不说不知道,也不说已经听说,只是大吐苦水,说与同事相处也实在难。叶圣陶知道对方似有隐情,但无心计较这些杂碎的事情,决定先判完学生的试卷再说。

等到领了学期最后一个月的薪金,叶圣陶去茶馆闲坐,听人说有所学校被裁的教员到上级告状,于是传言学务委员将辞职,被裁的教员也将复职。叶圣陶对这样的传言不以为意,他想:自己把握不了命运,将希望托之于清官大老爷,是多么悲哀啊。他索性不管是否续聘的事,跟着好友顾颉刚去杭州、上海一带游湖听戏。旅行归来,那位钱君已经等候叶圣陶好几天了,一见面就说:"学校今年决定保持课堂不变,他受校长之托特来相告,只需学款董事或学务委员说一句话,教员就可以续聘。"叶圣陶向他表示感谢,却并不打算找关系与学款董事、学务委员等人通融。没几天,叶圣陶在茶馆中遇见钱君。不一会儿校长也来了,走进了另一间茶室。钱君看校长坐定,也跟了过去,并回头向叶圣陶示意,好像颇有把握似的。叶圣陶早已料到结果,果然钱君没说上几句话就碰了壁,懊恼地返回来说:"只迟一步,他们已聘定人了。"叶圣陶还是谢了他,心里却不平静起来:这些家伙如此作弄人,真想写封信去狠狠地骂他们一顿。但又一想:肯定不会有回信,他们或一笑了之,或装作根本没瞧见,岂不自找没趣,甚至反而被人看轻了。想到这里,叶圣陶释然了——他再也不用和这些令人生厌的家伙一起共事了。

叶圣陶被排挤出言子庙小学,失业了。他的表兄孙伯南和孙树人两兄弟热心地为叶圣陶四处找工作。孙伯南不仅是叶圣陶的表兄,还是他在草桥中学时的国文老师。孙伯南给叶圣陶找了个在杭州的工作——给人当家庭教师讲国文,酬金一个月8块大洋。叶圣陶想了想,说:"为了这几个钱作客他乡,不合算。"孙树人托人给叶圣陶在农业学校找了份专门刻写钢版的书记员的工作,每个月可以得到18元的薪水,可是,每天要刻写十五六页七八千字,这个工作对于叶圣陶来说太辛苦了,他平时刻写一二千字已经手酸肩痛,如果每天都要刻写七八千字如何能完成?叶圣陶只做了两天就辞职了。孙家两位老伯替叶圣陶着急,这个不去那个不满意,现在生活都没有着落,怎么还挑来挑去?他们不知道这个年轻人已经有了自己的打算。

叶圣陶心里想的是,既然失业在家,不如利用这个空闲,一边卖文,一边自学。那时社会上流行读小说,刊载小说的通俗刊物十分盛行,各家刊物四处征集小说,投稿卖文成为不少人的谋生方式。稿酬也不低,大致分为甲乙丙丁四个等级。甲等,每千字银元5块;乙等,每千字银元4块;丙等,每千字银元3块;丁等,每千字银元2块;个别名家每千字的稿酬另算,据说可高达每千字10块。叶圣陶算是新手,每千字可得银元2块。那时他写了一篇小说《穷愁》,发表在上海的通俗刊物《礼拜六》上,得稿酬8元,如果十天写一篇,腾出来的时间是不是可以用来自学?

叶圣陶在离开言子庙小学前后,写了二十多篇文言小说,有的模仿《聊斋志异》,有的模仿欧美短篇小说,有的模仿苏曼殊《断鸿零雁记》,也有的模仿当时所谓的社会新闻,这些模仿是为适应各种刊物的不同需求，也是他在文学上的探索。叶圣陶在卖文谋生的过程中，内心渐渐起了矛盾。一方面是制订的自习计划总是因为各种原因被打断，他陷入自责和厌烦的状态；另一方面他对自己卖文谋生的举动感到不安，"文而至于卖，格卑已极"，而流行的通俗小说大都有为吸引人眼球而故作荒唐浅陋之笔的特点，叶圣陶为了发表的需要有时不得不效法这种风气，岂不痛苦？

最终，叶圣陶决定还是重新找工作，好友郭绍虞正好帮上了忙。当时郭绍虞在上海尚公学校教高小国文，进步书局请他去当编辑，他乘机向尚公学校的校长推荐叶圣陶来接替。这所尚公学校，是大名鼎鼎的商务印书馆办的实验小学，就在商务印刷厂的东南角，操场、课堂都很宽敞，办学条件优越，尤其难得的是，凡商务印书馆出版的书籍挂图，制造的标本仪器，尚公学校都有一份。既然是实验小学，就有"实验"的意味。当时商务印书馆的各种教学用品，特别是教科书，都在尚公学校试教过；王云五的四角号码检字法，正式使用之前也在尚公学校试验过。1915年4月，赋闲在家快一年的叶圣陶来到上海，继续他的教师生涯。

中了头彩的婚姻

在叶圣陶生活的年代，年轻人结婚的时间普遍比现在早得多。叶圣陶中学毕业时，班上很多同学都已经结婚，比如他的同学顾颉刚，中学毕业典礼那天恰巧是他新婚一周年纪念。叶圣陶在成立家室方面，算是落后的了。

1912年2月9日，也就是叶圣陶中学毕业后没几天，同学王彦龙结婚，叶圣陶和顾颉刚相互配合着完成了送给新郎的礼物。顾颉刚集宋明词句，作了副长联，叶圣陶填了首词《贺新郎》，顾颉刚用楷书书写叶圣陶作的词，叶圣陶则用小篆写上顾颉刚集的长联，这就算是两件富有心意的新婚贺礼了。吃喜酒那天，亲朋好友都去了，其中有位胡铮子女士看到挂在洞房里的两幅书法作品很是兴奋，她知道两位作者是站在一旁的王伯祥的同学，问道："你这两位同窗都有家室了吗？"王伯祥回答她："颉刚去年小年夜娶的亲，还没有听说叶家有什么动静，只是知道圣陶要去言子庙当老师去了。"胡铮子女士听罢，心里有了主意。

要说这位胡铮子女士，也是一位女中豪杰。

她结婚后和夫家不合，离家出走，一个人去了日本留学。从日本回来后，她一直在女子学校教国文，偶尔还在报刊上发表些旧体诗。按照苏州习俗，她孙辈的孩子该叫她"婆婆"，她却定要孩子们叫她"公公"——她要和男子在称谓上有平等的待遇。这位胡铮子女士想到的是，自己的侄女还待字闺中，眼前才气横溢的少年不正是如意的人选？

  胡铮子的侄女叫胡墨林，杭州人。胡家的祖上在杭州开古董店，家财颇丰。太平天国时期，叶家败落，而胡家则大发一笔。在战乱中，一批人败落了，如果家里有古董，一定先卖了这些不能吃穿的玩意；一批人发了战争财，置办家产，多半再买些古玩字画做摆设。古董店压低价格收入，加价卖出，这一进一出，赚得钵满盆满。胡墨林的祖父，也就是胡铮子的父亲，不愿意子孙后代再干欺蒙拐骗的营生，去世之前，把古董店交给徒弟经营，让自己的儿子去读书，指望他走科举之路，改换门庭。谁知这位公子读书不入道，对饮酒却很在行，一天到晚和各色人等在西湖边上饮酒。据说有一天晚上轿子抬回家，掀起帘子却不见公子，原来他醉成一团钻在了轿座底下。胡公子的夫人生了女儿胡墨林后就去世了，公子又续了弦。这位后母进门后的第一件大事，就是给小墨林裹足。作为姑母的胡铮子，听到小孩痛得直喊，冲过来就把缠脚布撕碎。后母责问："不裹脚的话将来嫁不出去怎么办？谁养她一辈子！"胡铮子对答："你不养我养！"于是将小墨林拉到自己房里，从此由自己抚养。胡铮子当时在苏州大同女学教书，胡墨林跟着姑母也在大同女学读书。

王伯祥是叶圣陶的同学，也是胡铮子妹夫计硕民的忘年交，和叶胡两家都有来往。胡铮子委托王伯祥做媒，去叶家说亲。旧式婚姻的特点是"父母之命，媒妁之言"。子女的终身大事全由父母做主，有的没成年就被父母定下娃娃亲，还有的甚至没出生就被指腹为婚。由于是父母包办，男女双方很多时候在结婚前互不认识，要靠媒人说合。这种婚姻用现在戏谑的说法，就是拼人品了。王伯祥带着胡家的嘱托，约上同是叶家常客的顾颉刚，拜访了叶圣陶的父亲，把胡墨林的家世人品叙述了一番，说女方有姑母做主，什么彩礼都不要，还说这位姑母等侄女在大同女学毕了业，就带去北京念女子师范，婚事等定亲成了再进一步详谈。这两位媒人都是叶圣陶的好友,叶钟济自然信得过,他询问儿子的意见,叶圣陶说但凭父母做主。于是经由王伯祥,双方交换庚帖和照片,算是订婚了。

在决定终身大事的过程中,叶圣陶表现得很被动,直到结婚,他与胡墨林既没有通信,也没有见面,完全遵循旧式包办婚姻的习俗。这一方面是对王伯祥、顾颉刚等媒人的信任,另一方面想来胡墨林在新式学堂里读书的"新女性"身份应该也打动了他——近似的身份会有更多共同的话语。叶圣陶后来在谈到自己的婚姻时说:"对方怎样的好是彼此说不出的,只觉得很合适,更合适的情形不能想象。"①

1916年8月12日,22岁的叶圣陶和23岁的胡墨林在苏州濂溪坊举行了婚礼。这一天,他第一次见到了自己的妻子。新郎看着新娘丰腴的脸庞上泛出又喜又怯的微笑,新娘看着清秀的小伙儿眉宇间透出儒雅和温存的气息,彼此都很满意,认定了对方是可以携手的伴侣,心里暗自感

---

① 叶圣陶著:《过去随谈》,《叶圣陶集》第5卷,江苏:江苏教育出版社,2004年,第310页。

谢月老的眷顾。

1917年夏天,夫妻二人到女方家乡杭州旅游,除了拜访女方的家人,还特地到月老祠拜谢。胡墨林求了张签,上面写着《诗经·小雅》中的话:"吉梦维何,维熊维罴。""熊罴入梦"是生男孩的吉兆。1918年4月24日,叶圣陶和胡墨林的第一个孩子出生了,是个男孩,叶圣陶给他取名"叶至善",又取了个小名"小墨",意思是长得像母亲胡墨林。男孩的出生,最高兴的是叶圣陶的父亲叶钟济了,他兴奋地说:"我47岁才有儿子,没指望还能抱上孙子呢!"叶钟济虚岁已过70岁,牙齿都掉得差不多了,晚上常用蒸猪脑下酒,小墨还没有断奶,他就吩咐买猪脑时顺便买一条脊筋,一起蒸了喂给小墨吃。晚上,他把小墨放在自己左膝盖上,左臂搂着,右手把脊筋掐成小段慢慢喂小墨,结果常常把自己要喝的酒给放凉了。

1922年4月24日,叶圣陶和胡墨林的第二个孩子出生了,是个女儿,他们为她取名"叶至美"。1926年8月27日,叶圣陶又添了小儿子,取名"叶至诚"。至善、至美、至诚,三个子女的名字恰恰寓意了叶圣陶和胡墨林的爱情。

做了"甪直"人

叶圣陶在上海尚公小学教书的时候,他的中学同学吴宾若在苏州甪直镇的吴县第五高等小学当校长,他们的另一位同学王伯祥也在这所小学教书。1916年4月,叶圣陶和他人合写的《国文教授之商榷》刊发在尚公小学建校十周年纪念文集上。恰巧,吴宾若和王伯祥看到了这篇文章,便立刻写信给叶圣陶,讲了许多改革小学教学的设想,邀请他来吴县五高一同工作。叶圣陶怎么会拒绝好朋友的邀请呢?1917年春季开学前,叶圣陶和吴宾若、王伯祥一起从苏州乘船,经吴淞江前往甪直。

甪直镇位于苏州老城东南约20公里,和周庄、同里、乌镇、西塘、南浔,合称"江南六大水乡古镇"。甪直的地名有点古怪,特别是第一个字"甪",一般人会脱口而读成"角",其实这个字读"lù"。怎么会有这么奇怪的名字呢?原来甪直早先叫甫里,得名于晚唐隐居于此的诗人陆龟蒙(号甫里先生)。后因镇东有直港,通向六处,三条横向,三条纵向,这三横三竖的河道交织在一起,正好构成一个"用"字,加上沿着古镇一侧流过的吴淞江,"甪"上抹了一撇就变成了"甪",所以改名"甪直"。当然"甪"字并不是专门为甪直这个地方造出来的,古代传说中有一种独角神兽就叫"甪端",所以甪直当地还有一种说法是神兽"甪端"巡察神州大地路经这里,见是块风水宝地,不想再走了,便留下来做守护神。现在去甪直旅游,还能看到这个成为镇标的、长得像狮子的神兽雕像。

在甪直镇的吴县第五高等小学(简称"五高"),前身是建于光绪年间的甫里书院;清末兴办新式学堂,改成甫里小学;辛亥革命后,扩建改名为吴县第五高等小学。甪直镇里有座保圣寺,是著名的"南朝四百八十寺"之一,也是宋明两代文人聚会的地方。"五高"的校址就在保圣寺大殿的西南侧,男子部和女子部各一座二层楼,作为学生的教室和宿舍。男女学生平时分班上课,开会时都到庭院东边的敞厅。庭院南边的大屋,则是吴宾若、王伯祥、叶圣陶等五位住校教师的宿舍。

叶圣陶和吴宾若、王伯祥本来就是同学,相处友好,现在又是同事,更像兄弟一般不分彼此了。夜晚的时候,他们携椅坐在庭院中,酌酒闲谈，兴致高时唱歌抒情。王伯祥最健谈，爱说轶闻掌故，能用扬州方言唱郑板桥的《渔樵耕读》，还会唱几句京剧，经常惹得大家叫好。到了假日，三人结伴外出，在万象春茶馆临河而坐，去财源店酒家品尝鱼虾菜蔬，到同事殷康伯的家中听说书，去公所里欣赏昆曲，还到四五里外的张陵山游山玩水。这样的生活，三人乐在其中。

叶圣陶说："我真正的教学生涯是从甪直开始的。"① 在言子庙小学和尚公学校，叶圣陶还是为工作而工作，到了甪直"五高"，叶圣陶才明确了职业和事业的关系，才将自己的教育理想付诸实践。在吴宾若、王伯祥的通力协助下，叶圣陶在"五高"搞起了教育实验。他自己编写国文教材，将白话文、新文学作品和乡土教材引入课堂，为"五高"的国文教学带来了新意。他带领学生挥动锄头，在乱砖地上开垦了"生生农场"，种下瓜豆菜蔬。"生生"是先生和学生的意思，表明农场是老师和学生一起劳动的园地，又寓有"生生不息"之意。叶圣陶后来写的小说《倪焕

---

① 商金林著：《访叶圣陶的第二个故乡——甪直》，《钟山》，1981年，第1期。

之》中师生一道兴办农场的风波,《苦菜》中向农民学习种菜的本事,都来源于这段经历。叶圣陶还捐款创办了利群书店和博览室。利群书店经营文房四宝和书籍簿本,为学生日常学习提供方便。他将自己购买的中外名著、南社诗人的诗集,以及《新青年》《新潮》《小说月报》等刊物陈列在博览室,供学生阅读。课余时间,他就到博览室指导学生吟诵诗文。另外,他还在博览室的隔壁开辟了诗文专栏、书画专栏、英文通讯专栏,鼓励学生练笔。

在叶圣陶的建议下,"五高"建立了音乐室和篆刻室。这与叶圣陶自幼的两个爱好有关。早在中学时,叶圣陶就对篆刻表现出浓厚的兴趣,常常为同学、亲友治印。到甪直后,他偶然见到一本《文三桥印谱》,篆刻的兴致重燃,业余时间便重新操刀制印,并教授各班篆刻。他教学生刻图章印记,刻竹板压书,刻诗文互赠,刻花鸟共娱,还教学生刻写如"温不增华,寒不减叶""直、谅、多闻"这样富有人生哲理的文句。有一次,一位叫皇甫墀的学生刻竹板做枕臂,请叶圣陶题字,他用篆字写下陶渊明的诗句"时还读我书",寄寓刻苦攻读,温故知新的期望。叶圣陶还是个戏迷，青少年时代就常想看戏做戏，还曾有过"献身舞台""当名伶"的念头。到甪直后，他提议学校造了一个戏台，自编剧本，每逢星期三演一次，名曰"同乐会"。他曾教学生把都德的《最后一课》，莫泊桑的《二渔夫》以及《荆轲刺秦王》《完璧归赵》等改编成话剧，自导自演。他曾和老校长沈伯安、老同学王伯祥三人合编剧本《春雪》，在学校的纪念会上带领学生上台演出，王伯祥在剧中扮演老妈妈，他则扮演一个鼻子下夹着小胡子的老头。

"五高"在学期中和学期末都召开"恳亲会"。学校将学生的习作、试卷、字画、篆刻，以及农场种植的瓜豆菜蔬陈列出来，请学生家长和社会贤达前来参观，届时学生们还表演团体操和戏剧。如今，这种家校互动的活动并不少见，但是在当时的江南小镇上，是非常新鲜的事。据说每逢"五高"学生演戏，镇上男男女女都赶来看，那情景比到乡下看草台戏还热闹。

1919年夏天，叶圣陶的妻子胡墨林也来到了甪直，成了"五高"女子部的教员，于是叶圣陶干脆把家从苏州老家搬到了甪直镇，从此做了甪直人。

第三章
新文学的干将

新青年的觉醒

叶圣陶在用直"五高"教书的时候,好友顾颉刚正在北京大学读书。彼时,北大是新文化运动的中心。

新文化运动是"五四"前后文化运动的统称。1915年9月15日,陈独秀在上海创办《青年杂志》,后改名为《新青年》,标志着新文化运动的兴起。1916年底,科举出身、点过翰林的革命元勋蔡元培被任命为北京大学校长。他锐意改革,采取学术思想自由、兼容并包的方针,力约陈独秀来北大任文科学长。1917年,陈独秀将《新青年》编辑部从上海迁到北京,把主编《新青年》与建设北大结合起来,并帮助蔡元培先生招揽新文化的健将。从 1918 年初起，《新青年》由李大钊、胡适、钱玄同、刘半农、鲁迅等共同编辑。《新青年》高举"民主"和"科学"两面大旗，发起新文化运动。新文化运动提倡民主，反对专制；提倡科学，反对愚昧；提倡新道德，反对旧道德；提倡新文学，反对旧文学。其中提倡新文学方面的最明显的主张就是用白话文写作替换文言文写作。

叶圣陶对新文化运动心生向往，《新青年》创刊后，他几乎每期必购，每篇必读，深受新思潮的启迪；在与顾颉刚的往返通信中，他更感受到新文化运动的生机与力量。从 1917 年底开始，叶圣陶停止文言小说的写作，开始尝试创作白话小说。1918 年 2 月至 3 月，《妇女杂志》连载了他的第一篇白话小说《春宴琐谈》，这篇小说的主要内容是表现新女性"科学""民主"的思想，这正是新文化运动所提倡的，叶圣陶由此跻身新文化运动之列。

1918 年 11 月 19 日，北大学生傅斯年、罗家伦等发起成立新潮社，出版《新潮》杂志，专门介绍西洋近代思潮，批评中国现代学术及社会中的各种问题。当时校园中喜爱文学并能写白话文的学生是入社的主力。第一批入社者大多为北大文科学生，中国文学门有傅斯年、俞平伯，英国文学门有罗家伦、潘家洵，中国哲学门有顾颉刚、陈家蔼、谭平山、吴康等。《新潮》是在《新青年》指导下创办的，后来由周作人担任主编，由北大著名教授胡适做担保，图书馆馆长李大钊提供办公用所，文科学长陈独秀允诺资助。《新潮》也以《新青年》的"左右手"自居，推动"文学革命"的发展，尤以"问题小说"丰富了新文学最初的小说创作。

1919年3月，由顾颉刚介绍，叶圣陶加入新潮社，在甪直设立"《新潮》杂志代卖处"，推销《新潮》杂志。叶圣陶更用自己的创作，成为新潮社的中坚力量。他在《新潮》杂志上接连发表了新诗《春雨》、小说《这也是一个人？》《春游》《两封回信》《伊和他》《不快之感》等白话文学作品，以及论文《对于小说作文教授之意见》（与王伯祥合作）、《女子人格问题》《今日中国的小学教育》《职业与生计》等。总共12期的杂志除了最后一期"名著介绍特号"外，前11期都刊发了叶圣陶的作品。

如果说《春宴琐谈》还是对"新小说"的一

种尝试的话，那么《这也是一个人?》则是叶圣陶用白话文写"新文学"的成功之作。小说描写了一个农村妇女苦难的一生：出生后，父母把她当作简单的动物；15岁出嫁，被夫家当半头耕牛使唤；她受不了夫家的虐待，外逃去当佣妇，并萌生了要求离婚、渴望自由平等的朦胧意识，但终于还是被夫家催逼了回去；最后，丈夫死了，婆家又把她转卖他人，得到的钱充当她丈夫的殓资。叶圣陶通过这个农村女性的悲惨命运，向封建思想和制度发出了"这也是一个人?"的质问。鲁迅对这篇小说给予了很高的评价：《新潮》里的《雪夜》《这也是一个人?》《是爱情还是苦痛》都是好的。这样下去，创作很有点希望。此外，鲁迅在《中国新文学大系·小说二集·导言》中谈到俞平伯、欧阳予倩等一批"新潮社"作家时，专门提到叶圣陶，他认为在这群作家中"叶绍钧却有更远大的发展"。

经由《新潮》杂志的传播叶圣陶变得越来越有名气。"五四"前后"通信交友"的风气盛行一时，郑振铎、瞿秋白、沈雁冰（茅盾）、王统照、孙伏园等人就是从《新潮》杂志上知道了叶圣陶，开始写信与他联络，从此成为好朋友。诗人徐玉诺还于 1921 年和 1922 年前后两次到用直拜访叶圣陶，成为文坛佳话。

1919 年五四运动的爆发，更点燃了新青年叶圣陶心中的热火。5 月 5 日，五四运动的消息传到苏州。"五高"的学生们当晚便去找老师，结果发现叶圣陶已经在煤油灯下和王伯祥商讨如何唤起民众进行响应。第二天，叶圣陶和王伯祥等人在"五高"操场召开了"五四宣讲会"，叶圣陶做了《独立与互助》的演讲，王伯祥做了《社会的国家和官僚的国家有什么分别》的演讲，全校师生和闻讯赶来的群众被激起了爱国热情，高呼"外争国权，内惩国贼"的口号。宣讲会后，叶圣陶意犹未尽，连夜赶写了《吾人近今的觉悟》一文，并在 1919 年 5 月 5 日上海《时事新报》上发表。

为了响应五四运动，5 月 10 日，苏州学界联合会成立，5 月 31 日，苏州教职员联合会成立，叶圣陶是发起人之一。在叶圣陶的倡议下，用直的几个高小于 6 月 11 日举行了罢课，叶圣陶亲自草拟了《用直高小国民学校宣言》：

> 溯自政象混沌，外交屈辱，爰有五四运动。乃政府横肆摧残，务拂民情，吾三校感

此潮流，五中愤结。初以群众既为正当之表示，当局或有悔祸之良心，果肯改图宁非利国？顾倒行逆施，曾不少悛，吾三校忍无可忍，于六月十一日一致罢课，非特为对待日本之表示，作释放学生之要求，根本解决乃在满足民众之希望。标的既悬，誓必践之！

文学研究会的实干家

新文化运动经《新青年》倡导后，应者云集。随着新文学运动的蓬勃发展，形成文学流派，出现文学社团，已成为历史发展的必然选择。

1921年1月4日，由周作人、朱希祖、耿济之、郑振铎、瞿世英、王统照、沈雁冰、蒋百里、叶圣陶、郭绍虞、孙伏园、许地山等人发起的文学研究会在北京中央公园"来今雨轩"正式成立。文学研究会以"文学要为人生"为宗旨，在发表的《文学研究会宣言》中提到："将文艺当作高兴时的游戏或失意时的消遣的时候，现在已经过去了。我们相信文学是一种工作，而且又是于人生很切要的一种工作。"这与之前提到的清末民初盛行的强调娱乐、消费的通俗文学形成鲜明的对比。

文学研究会的核心人物是郑振铎。他在《新潮》上看到了叶圣陶的小说,就与叶圣陶书信往来,彼此成为亲密的通信朋友,发起文学研究会时便邀上叶圣陶和其他几位朋友。郑振铎和叶圣陶也许都没有想到,这个文学研究会后来成为全国最有影响力的文学社团。

成立文学研究会当天,叶圣陶在江苏甪直的家中,与会的有21人:易家钺、瞿世音、王统照、黄音、杨伟业、郭梦良、蒋百里、朱希祖、范用余、许光迪、白镛、江小鹣、孙伏园、耿济之、沈雁冰、苏宗武、李晋、许地山、宋介、郑振铎、王星汉。后来陆续入会的都是现代文学的著名作家,如谢冰心、朱自清、老舍、冯雪峰、李金发、李健吾、欧阳予倩、陈望道、徐志摩等,会员达170多人。可以说,除了随后组成创造社的那些成员外,文学研究会几乎囊括了"五四"文学革命以来所有的新文学作家。后来从事我党革命工作的瞿秋白、张闻天、陈毅也成为文学研究会的会员。

郑振铎在北京时读的是铁路管理学校,毕业后被派到上海西站当实习员。可是他没有去火车站报到,而是进入商务印书馆当了编辑。随着

1921年3月底郑振铎南下以及大部分重要作家聚集在上海,文学研究会的重心由北京转移到上海。当时叶圣陶只有27岁,正在苏州甪直教书。苏州与上海离得很近,往来便利,叶圣陶对文学研究会的事也积极热心,所以实际上从这时起就形成了由沈雁冰、郑振铎、叶圣陶、胡愈之四人组成的新的领导核心。

1921年4月上旬,叶圣陶应邀来到上海鸿兴坊沈雁冰寓所,与沈雁冰、郑振铎、沈泽民(沈雁冰的弟弟)会晤。在此之前,叶圣陶与沈雁冰、郑振铎主要是信件交往,并未见过面。叶圣陶后来回忆他们的第一次见面:"第一印象是他的精密和广博,我自己与他比,太粗略了,太狭窄了。直到现在,每次与他晤面,仍然觉得如此。那时还遇见他的弟弟泽民,一位强毅英挺的青年。振铎兄已从北京到上海来了……后来商量印行文学研究会丛书,拟定译本目录,各国的文学名著由他们几位提出来,这也要翻,那也要翻,我才知道那些名著的名字。"① 他们共同商讨

---

① 叶圣陶著:《略谈雁冰兄的文学工作》,《叶圣陶集》第9卷,江苏:江苏教育出版社,2004年,第128页。

了文学研究会的事情后,又一起游览了半淞园,并合照了一张珍贵的照片,这就是文学史上有名的"半淞园合影"。

文学研究会成立后,业绩十分可观。在它活动的 11 个年头中,为扩大新文学阵地,促进文学创作,先后办过几种刊物,编辑了几套丛书,其中影响最大的是《小说月报》。《小说月报》于 1910 年 7 月在上海创刊,由商务印书馆主办,从创刊到第八卷止,为鸳鸯蝴蝶派所主持。为顺应"五四"以来的新潮流,商务印书馆决定全面革新《小说月报》。当时商务编译所所长高梦旦等在北京寻找合适人选出任《小说月报》的主编未果,却从北京的新文学人士的口中得到一条信息:本馆内职员沈雁冰可以担此重任。回到上海后,他们考察了这个众人口中的贤能,最终提拔沈雁冰主编《小说月报》,该刊也成为倡导"为人生"的现实主义文学的重要阵地。在《小说月刊》上古体诗、文言或旧白话小说、弹词、传统戏剧都不见踪影,取而代之的是现代诗歌、文学批评、文学新闻和读者给编辑的来信。"专号"致力于介绍特定的外国作家。短篇和长篇(连载)小说仍然是刊物内容的主角。两年后,由郑振铎接任主编。1927年5月,郑振铎去欧洲后,由叶圣陶和徐调孚接任主编。

叶圣陶是文学研究会的实干家。他为《小说月报》《文学旬刊》《儿童世界》等刊物撰写了大量作品和文章,还创作和编辑了多种文学研究会丛书。当时文学研究会的发起人之一、《晨报·副刊》的主编孙伏园约叶圣陶每天提供千把字的《文艺谈》,采取杂感的形式,阐发"文学是人生的表现和批评"的主张,兼及作品的功能和创作的要素;还说尽可能想到哪里就写到哪里,别拘谨。这样的约稿并不严苛,千把字也不算多,可是叶圣陶白天要上课,只有吃过晚饭才能动笔,于是夜里常常写到十二点过后,这样才赶得及在第二天上午小火轮起锚之前寄出。妻子胡墨林因此担心丈夫的身体吃不消,没想到她自己倒担心出一场病来,叶圣陶后来把这件事写成了小说,题目叫《小病》。

从1921年到1928年,是叶圣陶写作大丰收的时期。他先后出版了短篇小说集《隔膜》《火灾》《线下》和《城中》,其中《隔膜》是继郁达夫《沉沦》之后我国现代文学史上第二部白话短篇小说集;出版了被称为"我国现代小说发展史上一座巍峨的里程碑"的长篇小说《倪焕之》，当时白话小说大多只有短篇，七八万字的小说就属于难得的长篇了；另外，他还出版了我国第一部现代童话集《稻草人》和有很大影响力的新诗集《雪朝》（八人合集）、散文集《剑鞘》（与俞平伯合集）；还出版了剧本《恳亲会》《艺术的生活》、儿童歌剧《蜜蜂》和《风浪》（与何明斋合编）。叶圣陶由此确立了在新文学文坛上的地位。

中国公学风波

1921年上半学期快结束的时候，在"五高"的叶圣陶收到了来自上海的中国公学中学部的信件，这是中国公学代理校长张东荪和中学部主任舒新城联合署名的聘书。叶圣陶的名字在文学界已经打响，他们慕名而来，希望聘请叶圣陶去教国文。此时，"五高"校长吴宾若因为被火车轧伤去世，好友王伯祥也去了厦门集美学校，志同道合的朋友的离去让叶圣陶对"五高"没有什么可留恋的了。

中国公学是一所在中国近代教育史上有特殊地位的学校。它是由清末留日的中国学生回上海创办的。1905年11月日本政府颁布了"取缔清国留学生规则"。"取缔"在日文里是"管束""整饬"的意思。当时传言取缔规则将把中国人和韩国人并列。当时韩国虽然还没有正式成为日本的殖民地，但殖民地的事实已经昭然若揭，中国留学生认为把中国人和韩国人并列是一个侮辱。在抗议无效之后，中国留学生便决议罢课。当时中国在日本的留学生有8000人之多，其中，有3000人回了国。这些从日本回国的学生于该年12月底，在上海成立留日学生总会，拟定了自治规则。1906年1月18日，各省代表选定了第一次公学职员。因为学校含有对外的意义，归国学生又有十三省籍之多，故名为"中国公学"。民国成立后，中国公学逐渐发展成包括文、法、商、理四院17系的综合型大学，并增设了中学部。

1921年9月，叶圣陶应邀来到上海吴淞中国公学中学部教国文，同时被邀请的还有朱自清、刘延陵、陈兼善、常乃德、刘建阳、吴有训、许敦谷，被统称为"八位新教员"。这八位教员可能都没有想到，他们很快就陷入了一场风波之中。

从张东荪、舒新城着手进行学校的改革整顿时就已埋下了风波的隐患。他们聘来的叶圣陶、刘延陵、朱自清等"八位新教员",都以提倡新文化、新教育为志向,这引起公学里旧式教员的嫉恨与不满,进而滋生抵触的情绪。国文教员中有位石蕴山老先生,早年也是位积极鼓吹革命的新人物,如今年届花甲,却每餐醉酒,到了课堂上胡言乱语,并极力诋毁胡适、陈独秀等新文化运动人物。张东荪、舒新城不想再聘任他,可由于他手头有学校聘约,只得安排他去教毕业班。石老先生不愿意,最终拿着半年薪俸走人了。

人虽走了,但他的湖南同乡在情感上却难以接受,于是便不分青红皂白,大生事端,一些学生也将矛头指向新聘来的教员。一次,叶圣陶在班上讲授国文,讲的是胡适先生翻译的短篇小说《最后一课》,一个学生以为课文是叶圣陶所作,便将文中的京语如"怎么一回事"都改为"这门样一件事",并写了一个长批:不用文言,却用白话,文字不加检点,用来教人,贻误青年。最后还讥讽道:"中国人而不通中国文字可笑可怜。"

到了 1921 年 10 月,风波陡然扩大,反对派开始鼓动罢课并发表驱逐张东荪、舒新城等"八位新教员"的宣言。学生们的无理取闹,引起了新教员的严重不满。当时,叶圣陶的态度尤为坚决。他本来喜好饮酒，但为了整顿学风，带头戒酒，投身教育改革，没想到还是引起旧教员、旧学生的攻击。最后，一向温文尔雅的他也动怒了。朱自清说，在中国公学期间，他只见叶圣陶发过一次火，针对的便是风潮的妥协论调。风潮刚起时，朱自清向刘延陵提出了一个强硬的办法，本来他以为叶圣陶不会赞同，没想到他居然赞成了。后来，这个办法没有成功，于是大家一起宣布罢教。10月21日，八位教员由叶圣陶领衔，在《时事新报》上发表了一则澄清事实的声明，算是离开中国公学了。

叶圣陶在吴县"五高"教了9个学期，共四个半年头，没想到在中国公学中学部连一个月的课都没有上满，这对于原本抱有期待的叶圣陶来说不能不说是一个遗憾。

"失之东隅，收之桑榆。"在中国公学中，叶圣陶与朱自清结缘相交。朱自清是和叶圣陶同来中国公学的"八位教员"之一。刘延陵告诉他："叶圣陶也在这儿。"朱自清总在报刊上看到叶圣陶署名的文章，就问："怎样一个人？"刘延陵并未见过叶圣陶，想当然地回答："一个老先生哩。"等到他们去拜访叶圣陶时，才发现原来大名鼎鼎的叶圣陶并不老。不仅年龄与想象的不一样，连衣着和谈吐也和朱自清预想的不同，朱自清想象中叶圣陶是穿着考究、谈笑风生的苏州文人，没想到叶圣陶穿着朴素，而且和陌生人交谈还有些拘谨、讷言，于是谈了几句关于作品的意见，便告辞了。

在学潮风波中，叶圣陶和朱自清经常见面，双方不仅消除了陌生感，而且有说不完的话。风潮结束后，朱自清返回原来工作的地方——杭州第一师范继续教书。不久，叶圣陶接到朱自清代表学校发来的邀请信，原来杭州一师正缺一位国文教师，希望叶圣陶能代两个月的课。叶圣陶连信都没有回，第二天就搭快船去苏州赶火车了。浙江一师的老规矩是一位教师一间宿舍，备课、作文、做学问、接待来访以及睡觉都在一处。为了在这两个月里可以随兴所至，海阔天空聊个畅快，叶圣陶和朱自清并了家，把两张床搬到一间里，另一间作为两人共同的工作室。

课余，他们常常结伴到西湖边去，有时乘一叶小舟下湖游憩，有时就在湖边找个僻静处饮酒作诗。回到共用的书房，两人各据一桌，朱自清预习功课，叶圣陶则不停地写小说和童话。这时是叶圣陶童话创作的开始。那时郑振铎在商务印书馆创办的周刊《儿童世界》向叶圣陶约稿。叶圣陶出手快,常常一天就是一篇。朱自清看了十分诧异。他哪里知道他的好朋友这几年来在学校里常常被学生缠着讲故事,在家里还有个儿子逼着,口头创作的机会可不少,脑子里积攒下许多构思,只要挑一些写出来就是了。有一天早晨,叶圣陶和朱自清醒来,听见工厂的汽笛声,叶圣陶便说:"今天又有一篇了,我已经想好了,来得真快啊。"就这样写成了童话《大喉咙》。"大喉咙"是工厂的汽笛,每天天不亮它就呜呜地叫唤起来。它这一叫,母亲放下怀里的婴儿,少年离开自己的爱人,老汉撇下了瞎子婆婆,赶到工厂去做工,天黑以后它再一喊,大家才无精打采地回到家里。童话的结尾自然是美好的,大喉咙为了人们的幸福不喊了。

1921年除夕,叶圣陶没有回家,和朱自清一同在杭州过年。两人越聊越兴奋,都没有睡意。于是熄了灯,点起蜡烛,各自上了床继续聊。两张床中间是一张桌子,桌子上是两支点燃的白蜡烛。朱自清忽然看了看表,说得了一首小诗,念道:

除夜的两支摇摇的白烛光里，
我眼睁睁瞅着，
一九二一年轻轻地踅过去了。

创办第一个新文学诗刊

1921年9月叶圣陶在上海中国公学中学部任教。中国公学位于上海黄浦江出口处的吴淞地区，靠近长江口又临近东海，叶圣陶、朱自清和刘延陵三人在课余来到黄浦江与长江的汇合处，望着滔滔的江水，不禁心潮起伏。他们都写新诗，而当时还没有一个专门供新诗发表的刊物，于是一拍即合，决定创办专载新诗的刊物——《诗》月刊。

1921年10月18日至20日，上海《时事新报》副刊《学灯》上连续三天登载了一则短诗形式的广告：

旧诗的骸骨已被人扛着向张着口的坟墓去了，

产生了三年的新诗还未曾能向人们说话呢。

但是有指导人们的潜力的，谁能如这个可爱的婴儿呀？

奉着安慰人生的使命的,谁又能如这个婴儿的美丽呀?

我们拟造个名为"诗"的小乐园做他的歌舞养育之场,

疼他爱他的人们快尽你们的力来捐给些糖食花果呀!

本刊一月一期。创刊号明年一月一日出版。

来稿欢迎,请寄本报《学灯》转新诗社。

——《〈诗的出版的预告〉》

十天后,《学灯》上登出了相关的第二则预告,明确地宣告《诗》的创刊号于次年一月一日出版,内容有:一诗,二译诗,三论文,四传记,五诗评,六诗坛消息,七通讯。

《诗》月刊筹备了四个月,1922年1月1日由上海中华书局出版。刊物最初标署"编辑兼发行者中国新诗社",编辑部就设在叶圣陶家中。因为创办人都是文学研究会会员,所以在第四期的《读者赐览》中说明"本刊作为文学研究会定期出版物之一",并从第五期开始在封面上改署"文学研究会"。为了促成出版,叶圣陶等人和中华书局达成协议:中华书局不付稿费,也不付编辑费,所刊诗稿仅以"本刊一册为酬"。拮据的经济状况,使得给作者寄信还要叶圣陶他们自己贴钱买邮票。

新生的事物总会遇到挑战,这份专刊新诗的刊物遭到来自旧体诗阵营的攻击。就在叶圣陶等人筹办《诗》月刊的时候,1921年11月,东南大学的《国立东南大学南京高师日刊》出版了一本带有挑衅意味的《诗学研究号》,打着"讨论"和"研究"诗学的幌子,刊登文言诗话和旧体诗,并声称"诗人必不能尽用白话""必不能以俗语填词",不能把"语体诗"奉之为"金科玉律","文言诗"和"语体诗"可以并存,企图用"文言诗"挤压新诗,打压新文学。

为了应对旧文学的挑衅,叶圣陶以"斯提"为笔名在1921年11月12日第19号《文学旬刊》上发表了《骸骨的迷恋》一文,批评守旧的遗老遗少,指出他们迷恋文言犹如抱着骸骨使其复活一样,是枉费心机的。文中指出:"旧诗降为骸骨的要因",一是"用死文字",二是"格律严重拘束",用旧形式"批评或表现代人生,是绝对不行的","现代的人,不应再用旧的形式来发表自己的思想与情绪"。"骸骨的迷恋"这个说法用得好，后来常被引用为形容守旧者不能忘情过去的贬辞。鲁迅在《且介亭杂文末编·续记》中，揭露和批判无聊文人史济行化名骗卖鲁迅文稿的无耻行径："近两年来，大开了印卖遗著的风气，虽是期刊，也常有死人和活人合作的，但这已不是先前的所谓'骸骨的迷恋'，倒是活人在依靠死人的余光，想用'死诸葛吓走生仲达'。我不大佩服这些活家伙。"

叶圣陶带头反击之后，文学研究会的其他成员也纷纷撰文，对诗坛守旧势力抨击斥责。复古派自然不甘心，疯狂反扑，大肆谩骂，甚至有人跳出来辱骂叶圣陶是"一条疯狗"。于是，自1921年底到1922年上半年，在《文学旬刊》上形成了一个有各种意见参加的颇具声势的新诗讨论的热潮。

唇枪舌战之外，更重要的是看实际的创作。《诗》月刊用多姿多采的新诗作品和富有活力的创作实践，证实了新诗的生命力。我们可以看看下面这首汪静之发表在《诗》月刊上的新诗。

蕙的风

是哪里吹来
这蕙花的风——

温馨的蕙花的风?

蕙花深锁在园里,
伊满怀着幽怨。
伊底幽香潜出园外,
去招伊所爱的蝶儿。

雅洁的蝶儿,
薰在蕙风里:
他陶醉了;
想去寻着伊呢。

他怎寻得到被禁锢的伊呢?
他只迷在伊底风里,
隐忍着这悲惨而甜蜜的伤心,
醺醺地翩翩地飞着。

　　《诗》创刊号出版时,叶、朱、刘三人都离开了中国公学。叶圣陶回到苏州,朱自清回到杭州一师,刘延陵则回到原先执教的浙江一师。《诗》月刊的投稿地点也随着编者的变迁而变化。从 1922 年 1 月到 1923 年 5 月终刊,《诗》月刊共出两卷七期,发表新诗近 500 首、诗论 20 余篇。此外,不仅有胡适、周作人、沈雁冰、俞平伯、康白情等名家助阵，还有许多投稿的作者，如应修人、潘漠华、汪静之、冯雪峰、冯文炳、赵景深，这些投稿的作者后来都成为现代文学史上的名家。

到北大去

叶圣陶在新文化运动中的表现，引起了学术界的关注，尤其是引起了在新文化运动中心的北京大学的教授们的注意。其中，北大研究所国学门主任沈兼士和中文系主任马裕藻对叶圣陶产生了浓厚的兴趣。

1921年10月的一天，沈兼士见到顾颉刚说起了叶圣陶。当时顾颉刚已经从北大毕业，留校在图书馆任职，还兼任北大预科讲师，讲授作文课。沈兼士知道顾颉刚与叶圣陶的关系，便托顾颉刚与叶圣陶联系，让他来北大教授预科国文。顾颉刚表现出为难的样子。在他看来，叶圣陶已经是个文学家了，到大学教书做学问，是不是会让自己的朋友吃力不讨好呢——毕竟叶圣陶只是中学毕业。

第二天，沈兼士又来找顾颉刚，再一次说了聘请叶圣陶的打算。顾颉刚只好写信询问叶圣陶的意见,叶圣陶没有立即答复此事。1922年1月,中文系主任马裕藻亲自来找顾颉刚。当时离春节不远了,马裕藻希望顾颉刚回苏州老家过年的时候能和叶圣陶做面对面的邀请。也许是对方的诚意打动了叶圣陶,抑或是想到能和好友一同工作,叶圣陶最终答应了邀请,决定离家北上。

1922年2月,叶圣陶告别家人,与郑振铎及俄国盲诗人爱罗先珂同车北上。爱罗先珂不仅是诗人,还是著名的童话作家、世界语学者。他幼年因患麻疹而失明,后来凭借自己的勤奋和音乐天赋,在国际世界语协会的帮助下,转赴伦敦皇家盲人师范学校学习。25岁离开俄罗斯,先后在暹罗(泰国)、缅甸、印度、日本等地漂泊。在日本居住时,日本政府认为他宣传社会主义,将他驱逐出境,而他的祖国又因查不清他的身份拒绝他入境。爱罗先珂只好来到哈尔滨,之后又辗转到了上海,并得到了上海世界语协会负责人、文学研究会会员胡愈之的接待。胡愈之把此事告诉了在北京教育部任职的鲁迅,而鲁迅将他推荐给北大校长蔡元培,于是北大就聘请爱罗先珂来讲授世界语和俄国文学。

叶圣陶虽然有人结伴随行,但是离开江南去

遥远的北方,离愁是难免的。在旅途中,他用诗写下了自己的思绪。

津浦车中的晚上

一

可以想象的:
昏晕的灯光下,
他们勉强镇定着,
悄悄地说,
他此刻到了哪里了。
不可想象的,
却在随后的默默之中了。

二

远了,更远了,
听着一声声的汽笛。
且自慰藉,
将未有期的归程并计,
告诉自己道:
近了,更近了。

到了北京,叶圣陶住进了大石作胡同的一所四合院里,这所房子是宣统皇帝的师傅伊克坦的故居。当时叶圣陶的好友王伯祥也在北大教书，这样叶圣陶、顾颉刚、王伯祥三位好友又聚在一起了。在这所四合院里，同住的还有吴辑熙、潘家洵，五个人都是苏州人，其中吴先生带了家眷来北京，所以由他的夫人照料大家的膳食。叶圣陶和王伯祥同住一屋，夜晚睡觉也在同一砖炕上，想来也是一晚有聊不完的话。大石作在北海与景山之间，胡同里十分清静。出胡同去北大上课，要经过故宫神武门外、景山北门前，叶圣陶沿着这片富有古都风情的路线，走进了北大的教室。

那时故宫和皇家园林都不开放，可玩的地方还不多。课余在几位好朋友的轮流陪伴下，叶圣陶开始领略这座北方古城的韵味。到外城西南角的陶然亭欣赏景色，去天桥看杂技，到琉璃厂翻书看字画，去新世界听大鼓，在八达岭长城上喝茶，才一个月就把该去的处所都跑遍了。快到三月底时，叶圣陶把讲义大纲和学生作业整理妥当，全都交给王伯祥代理。对学校只说家里有要事，不得不赶回苏州处理。叶圣陶家里有什么事呢？原来叶圣陶的二女儿叶至美快要出生了，他只得赶回南方照顾家人。

虽然叶圣陶在北京大学只待了短短的一个月,但是这对于他来说却是非常重要的经历。叶圣陶当过小学老师、中学老师,现在他又当上了大学教师,从教的经历更为丰富;这也意味着,叶圣陶在教师的身份外,又多了一个学者的身份。回到苏州后,他辞去北大教职。不久后,应复旦大学教授、神州女校教务长谢六逸之邀,前往上海讲授新文学和国文课。

第四章
"我"是编辑

商务印书馆的编辑

"如果有人问起我的职业,我就告诉他:我当过教员,又当过编辑,当编辑的年月比当教员多得多。"① 叶圣陶晚年说的这句话里所提到的"当编辑",指的就是1923年他进入商务印书馆开始编辑的职业生涯。

商务印书馆是由夏瑞芳、鲍咸恩、鲍咸昌、高凤池等人于1896年在上海创立的我国最早的新式出版机构。1903年,商务印书馆设印刷所、编译所和发行所。1907年,商务印书馆在闸北建成

---

① 叶圣陶著:《我和商务印书馆》,《叶圣陶集》第17卷,江苏:江苏教育出版社,2004年,第372页。

占地80余亩的总厂，随后又陆续在各地设分支机构数十个。到20世纪20年代，它已经是当时国内最大的编辑出版机构，编辑出版的刊物著作影响巨大。如1903年起出版的小学《最新教科书》，在学校初兴之时风行十余年；1915年出版的由陆尔奎等主编的大型工具书《辞源》，奠定了我国近现代大型工具书的基本模式；早期出版的严复翻译的《天演论》等学术名著及林纾翻译的大量欧美小说极为畅销。商务印书馆对文化的传播起到了重要的推动作用，正如商务印书馆大门外挂的对联所写："数百年旧家无非积德，第一件好事还是读书。"

商务印书馆对于叶圣陶来说并不陌生，当年他在上海的尚公小学任教，就是商务印书馆的实验学校，所以叶圣陶常常能用到商务印书馆出版的书籍挂图、制造的标本仪器。1923年1月，经商务印书馆编译所国文部兼史地部的主任朱经农介绍，叶圣陶被聘任为商务印书馆编译所国文部编辑。为了工作方便，叶圣陶一家也从苏州搬迁到上海，先是居住在闸北永兴路88号，这里距郑振铎的住处宝山路宝兴西里9号十分近；后来又搬到离工作地点更近的宝山路顺泰里1号。

编译所在一栋长方形的三层大洋楼（涵芬楼）的二楼，进门先是三个会客室，用半截板壁隔成，各有门窗，一道板壁把会客室和编辑部大厅分开。大厅内有国文部、英文部、理化部、史地部及各种期刊的编辑部。大小桌椅如阵，统间混合办事，和现在都市办公楼里的写字间颇为相似。国文部有四个人，刚好四张书桌为一组，叶圣陶和好友沈雁冰相对而坐。商务印书馆对编辑优待有加，比如每天上班只上六个小时，比工人迟一个小时上班，早一个小时下班，由此不难看出为什么它能招徕各类人才，成为出版界巨擘。当时编译所有编辑三百来人，除了已经成名的学者外，还有不少留学归来的，如留美归来的任鸿隽、竺可桢、朱经农、吴致觉，留日归来的郑贞文、周昌寿、李石岑、何公敢。叶圣陶虽然学历不高，但也是颇有名气的作家。

叶圣陶进了商务印书馆的第一项工作便是与顾颉刚一同编写《新学制中学国文课本》。这套教科书共六册，编纂者署名顾颉刚、叶圣陶，校订者胡适、王云五、朱经农。叶圣陶多年的中小学教学经验在这里有了用武之地。这套课本从20世纪20年代到40年代，印行数版，行销广泛。

但是第一次看校样时,一向认真的叶圣陶出错了。原来看校样时,不仅要看排好的稿子,还要核对原稿,叶圣陶只看了排好的稿子,未核对原稿,没想到排好的稿子里居然漏排了一段。专职校对发现问题后用红笔标示后返给他,叶圣陶很不好意思,由此明白编辑的工作丝毫马虎不得。这当编辑的"第一课",上得可谓深刻。

除编写国文课本,叶圣陶从作家的角度,广开文路,编撰了大量有益的课外读物,其中比较主要的是参与了《学生国学丛书》的编辑。1925年,商务印书馆计划编辑出版《学生国学丛书》(后改名为《中学国文补充读本》)。丛书分为:一、总类;二、哲学;三、社会科学;四、文学;五、史地。每大类中根据情况收书若干种,陆续出版93种。丛书所选均属国学基本著作,对其加以选注,分有段落,加句读和注释,以便阅读。每书有新序,介绍作者生平和内容概要。这套丛书的编例中说:"中学以上国文功课,重在课外阅读,自力攻求,教师则为之指导焉耳。惟重篇巨帙,释解纷繁,得失互见。将使学生披沙而得金,贯散以成统,殊非时力所许。是有需乎经过整理之书篇矣。本馆鉴此,遂有《学生国学丛书》之辑。""本丛书所收，均重要著作。略举大凡：经部如《诗》《礼》《春秋》，史部如《史》《汉》《五代》，子部如《庄》《孟》《荀》《韩》，并皆刊入；文辞则上溯汉、魏，下迄近代，诗歌则陶、谢、李、杜，均有单本，词则多采五代、北宋，曲则撷取元、明大家，传奇、小说，亦选其英。"值得注意的是，把孟子与庄子、荀子、韩非子并列，视为诸子之一，而不认其为《经》，这倒有点打破传统思想的精神；而且把传奇（唐人传奇）、小说（明朝的三言二拍）列为国学，也同样有打破传统思想的意味。叶圣陶在《荀子》《礼记》《传习录》《苏辛词》《周姜词》等传统文化典籍的整理、普及上，投入了大量的心血。

此外，叶圣陶在商务印书馆还当过《妇女杂志》主编。这份由商务印书馆主办的女性刊物创刊于1915年初，是中国妇女报刊史上历史最悠久、发行面最广的大型刊物。1930年夏天，主编杜就田辞职，商务印书馆决定委派叶圣陶主持编务。其实，叶圣陶与这份杂志还颇有渊源。早在新文化运动初期，叶圣陶的第一篇白话小说《春宴琐谈》就接连发表在《妇女杂志》第4卷2号、3号上。

叶圣陶接管杂志工作后,发动自己在文学界的社会资源,广泛邀请合适的作者为刊物投稿。他力邀赵景深作《现代女文学家概述》,并两次致书协商,以确保文章适合杂志风格和定位。他在信中说:"兄于世界文学所知较多,此题当然胜任。止须举其尤者,略言此生平、旨趣、风格、作品大要。知兄甚忙,但弟少求索之门,得老友如兄者,自不肯放过,想来半年止此一遭,必能蒙允许也。""文章只须平常谈话那样轻松随便,笔下常带感情,尤宜于妇志之读者。"①

不仅约稿,叶圣陶还自己写稿。那时叶至善快小学毕业了,叶圣陶有感于儿子的升学问题,写了篇随笔《做了父亲》。怎样做父亲,这是"五四"以来知识界讨论的重要话题,鲁迅先生也写过这个主题的文章——《我们现在怎样做父亲》,其中有一句精辟的话:"自己背着因袭的重担,肩住了黑暗的闸门,放他们到宽阔光明的地方去;此后幸福的度日,合理的做人。"这个题目虽然不比《做了母亲》更亲近女性读者,但却

---

① 刘增人、冯光廉编:《叶圣陶研究资料(上)》,北京:知识产权出版社,2010年,第117页。

是杂志主编以父母的身份与读者交心。他在文中表达了对儿女的希望:"一句话而已,希望他们胜似我。……我希望他们与我不一样:至少要能够站在人前宣告道,'凭我们的劳力,产生了切实应用的东西,这里就是!'"

在叶圣陶的努力下,刊物的质量有了很大提高。1931年,有一项针对某所女子中学的课外生活调查,在"看过的杂志"项目中,484名学生里有180人看过《妇女杂志》,位居第一。这份历史悠久的杂志,在叶圣陶的手中继续焕发光彩。

立达学人同声气

20世纪20年代初,在浙江上虞白马湖畔的春晖中学里,聚集着一批对新文艺颇有见解和素养的有志青年,夏丏尊、朱自清、朱光潜、丰子恺、匡互生、刘薰宇、刘叔琴等,都是其中活跃的骨干。后来研究现代文学的学者称他们为"白马湖畔作家群"。

1924年末,因教育主张与学校保守派发生冲突,这些新思想的老师们集体辞职,并希望按自己的教育主张创办一所新型学校。于是以匡互生为首,在上海虹口老靶子路,租用中华艺术大学校舍，筹创了"立达中学"。匡互生可不是等闲之辈，1919年五四运动时，北京各高校学生火烧赵家楼，就是他率先攀墙破窗的。"立达"的校名，取自《论语》的"己欲立而立人，己欲达而达人"。因为报名人数超出预计，校舍紧张，于是改在小西门黄家阙路另租校舍。这里房租便宜了不少，但房子也破旧了许多。在楼下吃饭，常有灰尘或水滴从楼板上落进菜碗。匡互生的办公处兼卧室，就在亭子间下面的灶间。教室与走道没有墙壁，用几条白布挂上就表示分隔开了。

学校实行民主办学，不设校长，由教师、工友、学生选出代表组成校务委员会进行管理。教学实行"教导合一"制度，对学生则采取"说服主义"，师生之间犹如父母子女。立达中学办学的条件虽然艰苦，但吸引了许多青年学子，有些原来在春晖中学就读的学生也转赴立达学习。

随着立达中学的诞生，立达同人又成立了一个叫"立达学会"的团体。立达学会成立于1925年3月12日，是匡互生、夏丏尊、丰子恺、朱光潜等立达主将发起成立的同人组织。该会会约规定：一、本会以修养人格、研究学术、发展教育、改造社会为宗旨。二、凡品格纯洁、信仰本会宗旨者，经会员三人介绍及全体会员三分之二同意，得为本会会员。三、本会兴办下列事业：1. 学校；2. 丛书及定期刊物；3. 各种学术研究会；4. 其他社会事业。四、本会会员义务如下：1. 直接供职于本会所办之事业；2. 规划本会发展事宜；3. 以经济或其他方法援助本会……叶圣陶虽然没有在立达任教，但因赞同这些主张，与立达同人惺惺相惜，所以也加入了该会。除了叶圣陶外，当时文化界知名人士，如：茅盾、郑振铎、胡愈之、刘大白、朱自清、周予同、黎锦熙、李石岑、章锡琛、周建人等，也相继成为会员。

为实现立达同人的教育教学理念，达到"一个人如果能从进幼稚园起以至入大学为止，在一个学校中，只要学校办得好，他所受的影响一定会比进四五个学校好些"的理想，1925年夏，匡互生带头在上海北郊江湾镇自建校舍，并在迁校址后将校名改为立达学园。建校费用需要3万元，他们只好把尚未建成的校舍先抵押出去，得15000元，再设法筹借了另一半的费用。为了还债，每位教师不论薪水多少，每月一律支20元，如此过了好几年，才把债务还清。大家以苦为乐，以俭为荣，视学校如家庭，平等自立，渐渐形成立达作风。丰子恺还设计了立达学园的校徽：两个小天使扶着一颗大大的红心，红心的正中是一个篆书的"人"字。这体现了学园以人为本的教育理念，以赤诚的心对待学子的教学模式。

叶圣陶与立达同人声气相投，在交往中，与夏丏尊和丰子恺结下了深厚的友谊。

夏丏尊，浙江上虞人，名铸，字勉旃。1912年浙江省计划普选议员，他不想当选，心生一计，将"勉旃"改为声音相近的"丏尊"，这个"丏"字很容易错写成"丐"字，选举法规定选票写错将变为废票，他想这样即使提名，也不可能当选，结果"丏尊"倒成为他终生的名字了。夏丏尊中过清末科考的秀才，还留学日本，知识广博，有着高超的文学和艺术鉴赏能力。叶圣陶和夏丏尊，一个有着江苏人的温润坚强，一个有着浙江人的率真倔强，两人一见如故，成为志同道合的朋友。他们合作编写出版了《文心》《文章讲话》《阅读与写作》《开明国文讲义》《国文百八课》《初中国文教本》等。其中两人合写的《文心》最有代表性，叶圣陶在晚年重读《文心》时，竟看不出哪节是自己写的，哪节是夏丏尊写的。这需要怎样的默契和相知才能有如此完美的合作，也正应了夏丏尊写的一句诗——"夏叶从来文字侣"。而且，两家还缔结了秦晋之好，叶圣陶的大儿子叶至善娶了夏丏尊的女儿夏满子，两人将友谊升华成亲情。

在立达同仁中，丰子恺是最富有艺术气息的一位，他的插画常常出现在朋友的书刊中，算是以画应和了。夏丏尊的《爱的教育》，丰子恺画了10幅插图。俞平伯的新诗集《忆》，收入回忆童年生活的诗作36首，丰子恺为此配了18幅插图，或黑白或彩色。出版后获得"双美"之誉，即内容美与装帧美。值得一提的是，丰子恺的漫画之路始自白马湖。他在《子恺漫画》的序文里对此有详细的说明：他开始画漫画，是在一次春晖中学的校务会议上，他看到"那垂头拱手而伏在议席上的各位同事的倦怠的姿态"，散会后印象仍然很深刻，回家就用毛笔在一条长纸上画了出来，又怕被学生看到，于是贴在门后；此后，他的画兴萌生——包皮纸，旧讲义纸，香烟盒的反面，都成了他的画布。有一次他随手画完，夏丏尊偶然看到，连声赞赏说："好！再画！再画！"丰子恺备受鼓舞，从此画画的胆子就更大了。叶圣陶非常推重丰子恺的画,后来他们合作编写《开明国语课本》,由叶圣陶编写,丰子恺绘画,各擅其长,双璧合一,成就一段文坛佳话。

五卅风暴伸"公理"

1925年叶圣陶在商务印书馆当编辑时,上海发生了一件大事。

当年5月15日,上海日商借口存纱不敷,故意关闭工厂,停发工资。共产党员顾正红带领工友与厂方理论,却遭不测,顾正红被日方职员开枪打死,十余名工人被打伤,这一事件激起上海市工人、学生和市民的愤怒。5月30日,上海学生两千多人涌入租界进行演讲宣传,声援工人的罢工斗争,结果一千多人被捕。下午,一万多人聚集在南京路,要求释放被捕人员,英国巡捕竟然开枪打死群众十余人,伤数十人,制造了震惊中外的"五卅惨案"。

5月31日下午,大雨滂沱,狂风怒号,叶圣陶怀着满腔的愤怒,来到帝国主义屠杀中国人民的南京路。急雨打湿了他的长衫,他丝毫不觉,他要看看究竟是怎样的一番惨状。暴雨冲去了血迹,却冲不去心中的愤恨。当天晚上,叶圣陶奋笔疾书，连夜写下了题为《五月卅一日急雨中》的文章：

> 从车上跨下，急雨如恶魔的乱箭，立刻打湿了我的长衫。满腔的愤怒，头颅似乎戴着紧紧的铁箍。我走，我奋疾地走。
>
> 路人少极了，店铺里仿佛也很少见人影。哪里去了！哪里去了！怕听昨天那样的排枪声，怕吃昨天那样的急射弹，所以如小鼠如蜗牛般蜷伏在家里，躲藏在柜台底下么？这有什么用！你蜷伏，你躲藏，枪声会来找你的耳朵，子弹会来找你的肉体：你看有什么用？
>
> ……
>
> 我如受奇耻大辱，看见这种种的魔影，我愤怒地张大眼睛。什么魔影都没有了，只见满街恶魔的乱箭似的急雨：
>
> 微笑的魔影，漂亮的魔影，惶恐的魔影，我诅咒你们！你们灭绝！你们消亡！永远不存一丝儿痕迹于这块土地上！

一向温润的叶圣陶，发出了对黑暗决绝的咒骂和抨击。

6月1日，叶圣陶和沈雁冰、郑振铎、胡愈之等人拟定《上海学术团体对外联合会宣言》，提出"收回全国英租界""惩办肇事捕头及巡捕"等六条要求。然而，当时上海的各大报纸都拒绝登载这份宣言。

当天晚上，郑振铎在自己家里召开了"上海学术团体对外联合会"。这个联合会由当时上海的一些学术团体组成，其中有文学研究会（代表：郑振铎、沈雁冰、叶圣陶）、上海世界语学会（代表：胡愈之）、上海通信图书馆（代表：应修人、楼适夷），还有太平洋杂志社、中华学术社等，共12个团体。会上，叶圣陶、沈雁冰、郑振铎、胡愈之等人忍无可忍，决定自己创办一份报纸，以伸张公理。郑振铎还提议："这个报纸就叫《公理日报》吧！"立即得到大家的同意。他们连夜撰稿、编排，联系印刷厂。在"五卅"惨案后的第四天，即6月3日清晨，《公理日报》与上海市民见面了，这在当时同类刊物中是最先出现的。

这是一张8开报纸，每期四版，由叶圣陶手书报头"公理日报"。报纸以"上海学术团体对外联合会"的12个团体的名义主办，实际的编辑工作则落在商务印书馆编译所的文学研究会会员,即叶圣陶、郑振铎、胡愈之、楼适宜等人身上。

郑振铎的家——宝山路宝兴西里9号成了《公理日报》的临时编辑部和发行所,天刚亮就把印好的报纸运到这里。那些天郑振铎家门外的铁栏杆和铁栅门上趴满了报童,一叠一叠的报纸从他们头上被递出来。报童们拿到报纸就分头跑开。"《公理日报》,刚刚出版!""《公理日报》,一个铜板!"好像满街都是他们的叫卖声。租界里是不准卖《公理日报》的,谁要是带着一张跨过北火车站的铁栅栏到租界,就可能被英国巡捕抓去坐牢。有些报童喊得特欢,直向北火车站的方向跑,他们故意要让铁栅栏那边的英国巡捕听着《公理日报》的叫卖声干瞪眼。

6月2日,全国总商会副会长、上海总商会会长虞洽卿从北京赶到上海,发表了"调停"演说,以双方不要走极端为由压制民众的反帝爱国运动。叶圣陶敏锐地发觉到资产阶级右翼的动向,以"秉丞"为笔名发表了《虞洽卿是"调人"》的文章,对虞洽卿给予严厉的斥责:

> 调人!虞洽卿是来作调人的!同胞们听见么?

> 我不知道他的国籍是什么！不知道他的头脑是什么！不知道他血管里有没有一点一滴红热的血！

同一天，叶圣陶在《有交涉，无调停》的社论中，对"调停论"做了进一步揭露："要知道你们的态度无异于表示你们不是中国人，无异于表示这回事与你们是无关的。这从道德上讲，简直丧尽天良；从利害上讲，必遭全国唾弃。快明白一点儿吧！这是万万不应当取的态度呵！"同时，叶圣陶发出明确的呼吁："没有调停！没有调停！只有交涉！只有严重地交涉！"

《公理日报》一共出了二十二号，叶圣陶以"秉丞"为笔名发表的文章就有 10 篇，是文学研究会会员中发表文章数量最多的。针对"万国商团中华队公会"追随英国人，他写了《华队公会的供状》一文加以抨击："跟着残杀我们的仇敌，在众目共见的马路上站岗，还要搜查行人，搜查旅客，而行人旅客正就是你们的同胞……你们要实行你们的宗旨，就该出来维持呀，扑灭残暴的恶魔，保护同胞的生命……你们这样做过么？"针对上海各日报照登英日广告，叶圣陶连续写了《日报公会不会答复》和《爱国的报纸应有单独的表示》进行呼吁:"大家看见你们的报纸上刊出'本报以后永不登英日货广告'时,将齐声歌颂你们的勇敢,将永远记着你们的好义。"

在反帝浪潮中,叶圣陶积极支持工人运动,他在《援助罢工工人!》一文中写道:"工界同胞的力在哪里呢?啊,他们有非常伟大的力,就是罢工,罢工足以制仇敌的死命!他们是开赴前线的代用军队!他们是与仇敌接仗的勇敢的英雄!各界同胞的力在哪里呢?啊,各界也有非常伟大的力,就是出钱,出钱足以使我们的军队勇往直前,有进而无退。"随着斗争的发展,6月10日,他在《公理日报》上发表了《不要遗漏了"收回租界"》一文,指出:"现在正式交涉尚未开始,赶快修改还不嫌迟。条件中最切要的精魂,应当是收回租界!"

《公理日报》办了21天,每天印刷1.5万到2万份,最终因为经费、印刷、合作团体的分歧等原因停刊了。叶圣陶和郑振铎、沈雁冰、胡愈之等人并未灰心,他们在《停刊宣言》中说:"我们的工作,万不能就此终止……来日方长,我们的相别是暂时的!"同时,又刊出一则《本报同人特别启事》:"本报虽只发行了二十多天,但已赢得了数万读者的热烈同情……我们还想继续做大规模的筹备，预备在将来建立中国健全的言论机关的基础。我们打算筹集资本十万或数十万，组织大规模的日报，为中国言论界开一个创例。"

与鲁迅的交往

1927年5月，叶圣陶把家搬到横滨路景云里11号，位于租借与华界交界处的里弄，偏僻安静。三个月后，沈雁冰租下了叶家旁边的景云里11号半。又过了两个月，鲁迅和许广平从广州取道香港来到上海。巧的是，鲁迅的弟弟、在商务印书馆做编辑工作的周建人也住在景云里，于是鲁迅租下周建人家旁边的房子——景云里23号，和叶圣陶成了近邻。

对于新文学运动的旗帜——鲁迅，叶圣陶一直怀有景仰之心。1925年，他第一次见到了鲁迅。同年8月29日，鲁迅由北京来到上海，第二天晚上《小说月报》主编郑振铎宴请鲁迅，叶圣陶和文化界的朋友参加了那次饭局。

1927年9月，接替郑振铎主编《小说月报》的叶圣陶准备刊登作家专论。他专门约请沈雁冰来写《鲁迅论》，以此表示对鲁迅的推崇和尊敬。10月14日，叶圣陶得知鲁迅到了上海，立即与作家黎锦明前去拜访。黎锦明请鲁迅为他的《尘影》作序，叶圣陶则请鲁迅提供照片和签名，配合沈雁冰写的《鲁迅论》，一并在11月号的《小说月报》上发表。叶圣陶还特意采用重磅道林纸来印制鲁迅像和签名，这是《小说月报》第一次，也是仅有的一次配发中国作家的照片和签名。在此之前，刊登作家照片和手迹的，都是外国的著名作家。《鲁迅论》发表后，反响强烈，这是沈雁冰作家论系列的第一篇，也是新文学史上第一篇整体研究评价鲁迅文学成就的文学作品，进一步确立了鲁迅在文坛的地位。

之后，叶圣陶和鲁迅之间不断有书信往来。叶圣陶很珍视鲁迅给他的这些信件，一直小心收藏在身边。可惜的是，它们毁于战火，唯一留下来的是鲁迅写给叶圣陶的几句话："聊印数书，以贻同气，所谓相濡以沫，殊可哀也。"后来，叶圣陶多次参加鲁迅纪念会，总会提到鲁迅爱用的"相濡以沫"这句话。他还专门撰文《"相濡以沫"》加以解释：

"相濡以沫"这句话出于《庄子》，鲁迅

先生常引用它……鲁迅先生引用这句话，为的是他所处的环境正是一片干地，没有一滴水，他又见和他同在的人所处的是相同的环境，于是自然而然记起这句话。说它是口号，不如说它是信念。他奉行的信念，在一片干地上，所吐的口沫非常之多。二十册的《鲁迅全集》是他的口沫，新近出版的《鲁迅全集补遗》是他的口沫，由他校印的木刻画集以及《海上述林》等书是他的口沫，尤其重要的，他那明辨是非的态度，坚决奋斗的精神，待人接物的诚恳与认真，全是他的口沫。与他接触的人见他的为人，读他的文字，也各各吐出他们的口沫，相信他，学习他，和他在一起。到了今天，"走鲁迅先生的道路"成为普遍的号召了。我想这么说：鲁迅先生的影响所以伟大，就在于他奉行那"相濡以沫"的信念。

1931年11月，在开明书店主编《中学生》杂志的叶圣陶和大家商量第二年新年号的选题。叶圣陶说："读者来信越来越多，有些还不大好答复，因而想请青年们尊重的长者帮个忙，请他们来回答；有的长者，也许正有一肚子话要向青年学生说哩；到时再集在一起发表在新年号上，读者肯定欢迎。"① 大家都说可以试试。于是，叶圣陶给长者们出了题目："假如先生面前站着一个中学生，处此内忧外患交迫的非常时代，将对他讲怎样的话作努力的方针？"排印着问题的小信笺，就寄发给和书店有交情而且信得过的朋友。叶圣陶给鲁迅先生也寄了。11月27日，鲁迅日记中记道：答开明书店信。这封信就是回答叶圣陶的《答中学生杂志问》：

> 编辑先生：
>
> 请先生也许我回问你一句，就是：我们现在有言论的自由么？假如先生说"不"，那么我知道一定也不会怪（我）不作声的。假如先生竟以"面前站着一个中学生"之名，一定要逼我说一点，那么，我说：第一步要努力争取言论的自由。

鲁迅先生是言论自由的捍卫者，而叶圣陶则是鲁迅先生的捍卫者。

---

① 叶至善著：《叶圣陶与鲁迅先生二三事》，鲁迅研究月刊，2005年，第9期。

1939年，鲁迅逝世两年后，叶圣陶应邀到乐山的武汉大学中文系任教，同在中文系任教的还有女作家苏雪林。本来叶圣陶和苏雪林的关系是不错的。苏雪林在抗战初期将所积聚的金子全部献出来支援抗战，深得叶圣陶敬重；苏雪林也钦佩叶圣陶沉潜笃实的人品。但在对待鲁迅的态度上，两人却截然相反。苏雪林对鲁迅持坚决的反对批评态度，而叶圣陶始终认为鲁迅是新文学运动的旗手和主将，应给予应有的崇高地位。叶圣陶一改武汉大学原来的做法，在国文教材中选了鲁迅的文章，由此引起苏雪林的不满。

有一次，叶圣陶在国文试题中拟了两个题目：一、试论鲁迅先生在我国新文坛上的地位；二、你最喜欢鲁迅先生的哪篇小说，谈谈这篇小说的艺术特色。苏雪林看到这两道试题后非常恼怒，她认为鲁迅不过是左派有意塑出来的偶像，国立大学提到他的名字似乎不宜。一定要叶圣陶改换其他题目，而叶圣陶执意不改，两人起了激烈冲突，此后"二人竟多日不交一言"。直到三十多年后，苏雪林也弄不明白，一向温和敦厚的叶圣陶，为什么会在关于鲁迅的问题上毫不退让，固执异常。"圣陶是个很正派的文人，应该明于是非善恶之辨,为什么一提到鲁迅,他心里的天平便失去平衡呢?"① 她哪里知道,越是温和敦厚的人,越是认理,一旦认定正确的事,就一定要捍卫和守护。

作家的"星探"

叶圣陶认识鲁迅时,鲁迅已经是著名作家了。但叶圣陶认识其他很多作家时,他们还没成名,不少人只是普通的文学青年。让人称道的是,叶圣陶对年轻人的发现和培养,堪称作家的"星探"。

最为人津津乐道的是,叶圣陶挖掘作家"茅盾"(沈雁冰)的故事——要知道现代文坛大名鼎鼎的"茅盾"这个名字还是叶圣陶取的呢。

1927年8月下旬,沈雁冰从外地回到上海,叶圣陶帮他租下了自家隔壁的景云里11号半。当时是"四一二"反革命政变后的白色恐怖时期,作为共产党人的沈雁冰正遭国民党反动派通缉,整整十个月都躲在家中,非常寂寞苦闷。叶圣陶

---

① 刘增人、冯光廉编:《叶圣陶研究资料(上)》,北京:知识产权出版社,2010年,第126页。

几乎每天晚上都到隔壁去看他,为他转送信件,传达文艺界的消息,沈雁冰则把大革命中的经历和见闻讲给叶圣陶听。此时的叶圣陶已经接替郑振铎主编《小说月报》,正需要好的小说稿件。于是,他鼓励沈雁冰投稿。沈雁冰曾经做过《小说月报》的主编,文笔本来就不错,也有写小说的打算,现在避难于家中有的是时间,便答应下来。

两个星期后,沈雁冰写好了小说的前半部分,拿给叶圣陶看。叶圣陶把小说稿带回家,第二天就急匆匆过来找沈雁冰,说:"写得好,正缺这样的稿件,就登在9月份的杂志上吧,今天就发稿。"沈雁冰吃惊地说:"可小说还没写完呢!"叶圣陶说:"不要紧,9月号登一半,10月号再登后一半。"又解释道:"9月号再有10天就要出版,等你写完是来不及的。"沈雁冰知道对于杂志来说交稿就是救火,只有答应了。他想:小说写的是小资产阶级知识分子在这个大变动时代的矛盾以及自己思想上、生活上的苦闷与矛盾,同时也带点讽刺别人也嘲笑自己的文人积习,就把笔名取作"矛盾"。叶圣陶对此觉得不妥,说:"'矛盾'一看就知道是假名,如果国民党方面有人来查问原作者,就不好办了。不如在'矛'上加个草头,'茅'姓比较多,不会引起注意。"就这样,沈雁冰取了"茅盾"这个笔名。

之后,叶圣陶在将要付印的《小说月报》第18卷第8号的最后一页,添上了这部小说的预告:"下期的创作有茅盾君的中篇小说《幻灭》,主人翁是一个神经质的女子,她在现在这不寻常的时代里,要求个安身立命之所,因而留下种种可以感动的痕迹。"很快,署名"茅盾"的小说《幻灭》发表在《小说月报》9月号的头条位置上。后来,"茅盾"的名气越来越大,竟然盖过了沈雁冰这个本名了。

除了茅盾外,还有后来大名鼎鼎的丁玲、巴金、戴望舒等人,都是在叶圣陶的热心鼓励和帮助下,走上了文学道路。

1927年的一天,叶圣陶在翻看《小说月报》来稿中,发现了一篇寄自北京的小说《梦珂》,小说描写细腻,极具特色,他决定采用。当年12月,《小说月报》18卷12号的重要位置,刊出了作者为"丁玲"、题为《梦珂》的小说。《梦珂》的发表极大地鼓舞了作者的创作热情,丁玲晚年回忆说,要是叶圣陶不发表自己的第一篇小说

《梦珂》,她今生走的可能是另一条路。不久,丁玲写出了现代文学史上的名篇——《莎菲女士的日记》,并再次刊发在《小说月报》上。这篇"日记"由于将主人公的精神思想展示得大胆而直白,一时间引发了强烈的反响。之后,《小说月报》又刊发了她的《暑假中》《阿毛姑娘》等作品。

叶圣陶在编发了这几篇小说后,又给丁玲写信,建议她可以出一本集子,并表示愿意代为与开明书店交涉。小说发表已算幸运,出书更令初出茅庐的丁玲意外了。经过叶圣陶推荐,丁玲的第一个短篇小说集《在黑暗中》于1928年出版。沈从文在1934年出版的《记丁玲》一书中曾说:"她(丁玲)于是开始写了《在黑暗中》以次诸篇章。对于这个新作家的写作,给了最大鼓励的,实为那时《小说月报》的负责者叶圣陶。《小说月报》用了她的文章,且随即就寄给了一笔出乎两人(指丁玲与胡也频)意料以外的报酬。……作品刊载后就证明了编者的见识超人一等,对于这无名作家作品的采用,并不见得错误。"

同样在1927年,22岁的苦闷青年戴望舒写了一首题为《雨巷》的诗。一年后,戴望舒把它寄到《小说月报》。杂志主编叶圣陶一看到这首诗就非常喜欢,称赞它"替新诗的音节开了一个新纪元"。在这之前,戴望舒的几位朋友并未发现这首诗有什么特殊之处,直到得知叶圣陶的特别赏识后,似乎才发现了一些以前所未曾发现的好处来。《雨巷》在叶圣陶的安排下,于《小说月报》第19卷8号发表,为戴望舒赢得了"雨巷诗人"的称号。

在《雨巷》发表的1928年,旅法求学的四川青年李尧棠刚写完他的处女作《灭亡》,想给自己找两个笔画较少的字作笔名。恰巧他看到手边俄国学者克鲁泡特金的《伦理学》,"金"字映入他的眼帘,于是顺手就定下了笔名中的一个字。还缺一个字。他脑子里忽然浮现出最近一个朋友自杀的消息,这个朋友姓巴,曾和他在法国同住了一段时间——这就又找到了一个字。于是,他署上笔名"巴金",并将稿子寄给国内在开明书店工作的朋友索非,准备自费出版。索非将稿子转交到《小说月报》编辑部,叶圣陶看到这部稿子,认为"这是一位青年作家的处女作,写一个蕴蓄着伟大精神的少年的活动与灭亡","后半部写得尤为紧张",并预示巴金"将来当更有受到热烈的评赞的机会"。《灭亡》在1929年1月号至4月号的《小说月报》上连载了四期,同年9月,小说单行本由开明书店出版,24岁的巴金开始在文坛上大受注目。对此,巴金很感恩叶圣陶:"《小说月报》是当时的一种权威杂志,它给我开了路,让我这个不懂文学的人顺利地进入了文坛。"[1] "我感激叶圣老,因为他给我指出一条宽广的路,他始终是一位不声不响的向导。"[2]

---

[1] 巴金著:《文学生活五十年》,《见证与步履(下)》,北京:作家出版社,2008年,第474页。
[2] 巴金著:《致〈十月〉》,《中国当代出版史料》第3卷,河南:大象出版社,1999年,第273页。

第五章
"开明"的创业

跳槽"开明"

1926年9月,上海宝山路宝山里60号挂起了由孙伏园书写的招牌——"开明书店"。一家新的出版机构诞生了。

说起这家出版机构,和商务印书馆还有渊源。早在一年前,商务印书馆《妇女杂志》的主编章锡琛发了一个"新性道德号",刊出了他的《新性道德是什么?》和周建人的《性道德的科学标准》等文章,由此受到上海《时事新报》《晶报》和北京《现代评论》等一些报刊的猛烈攻击。商务印书馆总编辑王云五认为章锡琛有失体统,便免去其主编职务。章锡琛在商务印书馆的伙伴郑振铎、胡愈之等为他打抱不平,劝他再编一份刊物以示抗议，遂取名《新女性》。王云五得知后，以"另行高就"一纸公函，辞退了章锡琛。章锡琛供职商务印书馆14年，离职时得到2000元退职金。章锡琛的弟弟章锡珊原在沈阳商务印书馆当会计，也辞职来上海，拿出平生积蓄，两兄弟合开了这家"开明书店"。书店发行事务由孙怡生负责，赵景深、王蔼史任编辑校对，钱君匋负责封面设计，索非负责校稿并兼杂务，大家同心合力，业务蒸蒸日上。随着夏丏尊出任书店总编辑，以及刘叔琴、杜海生、丰子恺、胡仲持、吴仲盐等人的相继加入，开明书店日益发展壮大，1929年改组为股份有限公司，店址也迁到福州路，进一步扩大了影响力。

叶圣陶对开明书店的创办和发展一直给予热情的支持。1928年3月，叶圣陶从上海到上虞白马湖畔拜访夏丏尊、胡愈之，当时同去的还有章锡琛、周予同、钱君匋、贺昌群。朋友们一边吃饭喝酒，一边讨论起开明书店的发展。这些老朋友大多自学出身，都不满意当时的学校教学，商量到最后，归结到一个中心：为什么不把开明就当作学校来办呢？读者群中本来青年最多，他们大部分失学，没能到学校里求学，基本都靠自学，不如让他们做开明的学生——也是读者吧。开明可以在这方面有所建树：编写出版让青年自己能读懂的并引发思考的新课本，以及门类众多又趣味盎然的读物。给他们专门编一种刊物，就叫《中学生》吧。除了帮助他们联系实际，学习各门课程外，更紧跟时代的步伐，给他们介绍各种新知识，跟他们讨论切身相关的新问题。

1930年底，叶圣陶应章锡琛邀请，辞去商务印书馆的职务，到开明书店任编辑。在当时出版界，商务印书馆的待遇非常优厚。叶圣陶刚进商务印书馆时月薪80元，后来提高到200元，编书另外还有稿费和编辑费。而开明书店当时处于创业阶段，待遇并不高，连老板章锡琛的月薪也到不了200元。叶圣陶主动要求减薪，但开明同人不同意，他就采取变通的方法，让夫人胡墨林也来开明书店协助做事，月薪50元，他则拿150元，这样两人的薪水合起来和在商务印书馆时拿的一样多。从经济收入上做出牺牲的叶圣陶看重的是事业，是能和自己喜欢的人一起做喜欢的事，用他自己的话说，开明书店是一些同志的结合体，所谓同志，"只是说我们这些人在志趣上相互理解，在感情上彼此融洽，大家愿意认认真真做点事，不求名，不图利，却不敢忽略对社会的贡献。"①

在大家的努力下，开明书店出版了不少受市场欢迎的好书。比如"开明青年丛书"，包括朱光潜的《谈美》《给青年的十二封信》，夏丏尊、叶圣陶合著的《文心》《阅读与写作》等；"世界少年文学丛刊"，包括叶圣陶创作的童话《稻草人》《古代英雄的石像》，徐调孚翻译的《木偶奇遇记》，夏丏尊翻译的《爱的教育》等；还有"开明文学新刊"，包括茅盾、老舍、叶圣陶、巴金、夏丏尊等著名作家的作品，如朱自清的《背影》、叶圣陶的《倪焕之》等。文学方面还出版了茅盾的《蚀》《虹》《三人行》《子夜》，巴金的《家》《春》《秋》《灭亡》《新生》，高尔基著、沈端先译的《母亲》等名著。在古籍和工具书方面，出版了《辞通》《二十五史》《二十五史补编》《六十种曲》《十三经索引》《二十五史人名索引》等。这些书的出版，在文化界产生了很大的影响。

在教材建设方面，开明书店出版的叶圣陶

---

① 叶圣陶著：《开明书店二十年》，《叶圣陶文集》第 6 卷，江苏：江苏教育出版社，1989 年，第 224 页。

编、丰子恺绘的《开明国语课本》和林语堂编、丰子恺绘的《开明英文读本》都颇负盛名,一下子打出了开明书店在教材领域的名声。这里先说说林语堂编的《开明英文读本》。1928年8月,由对英文十分精通的林语堂编写的《开明英文读本》(第一册)出版,第二年又出版了后两册。这套教材图文并茂,富有特色,比先前社会上的同类教材更胜一筹,非常适合英文学习者所用。郁达夫说:"这几本读本,我觉得是看过的及用过的各种教本中最完善的东西。"① 开明书店借助《开明英文读本》,在竞争激烈的上海出版界站稳了脚跟,同时又配套出版了林语堂编的《英文文学读本》(当年还出版有林语堂编的《开明英文法》3册),从而使英文读本系列化。《开明英文读本》风行一时,成为全国许多学校采用的课本,连老资格的商务印书馆、中华书局的同类教材也望尘莫及。

开明书店除了上面所说的出版业绩外,还具有另一种特色——装帧十分讲究。这与开明书店

---

① 郁达夫著:《关于〈开明英文读本〉的话》,《郁达夫全集》第6卷,浙江:浙江大学出版社,2007年,第181页。

负责装帧设计的丰子恺、钱君陶的努力密不可分。丰子恺绘画的教科书在当时一扫往昔教科书的沉闷和单调的弊病，文字穿插精美插图，图文并茂，给开明书店发行的教材增色不少。比如在《开明第三英文读本》封面上，画着打开的书页背后升起大大的太阳，让人想起开卷有益，即见光明。人物造型简洁，神态可掬，两个可爱的小天使似乎在思考、探究着书中的奥秘，既有西洋装饰的味道，又充满了浪漫主义的情怀。这套书设计风格清新活泼，书中插图颇多，耐读性强，一出版就深受教师和学生的喜爱。而在开明书店出版的书籍封底正中，还印有一枚丰子恺设计的出版标记，或黑，或红，或稍大，或稍小，虽没有统一的尺寸，但图案无异。图案的上半部分是明亮的太阳，光芒四射，给人一种耀眼之感。下半部分是一本打开的书籍，上书"开明"两字。明眼人一看便知：书籍之光使人启蒙，从此将摆脱愚昧，以智慧之光开启思想的光辉。开明书店的出版标记在众多出版标记中，图案最为简洁，小巧玲珑，十分可爱。钱君陶在回忆开明书店时说："在开明书店以前，如此讲究装帧的，可以说还是不曾有过……从开明书店把这个风气一开，后来许多新兴的书店差不多可以说都仿效了。"①

进入开明书店,是叶圣陶编辑事业翻开的一个新篇章。如果说叶圣陶的编辑职业是从商务印书馆开始的,那么作为出版家,就是从开明书店开始的。

"开明"的语文科教材

教科书销量大,利润也大,当时出版界的大牌出版机构商务印书馆、中华书局、世界书局都是靠教科书的成功跻身为三大书局。开明书店的同人大多与教育界有千丝万缕的关系,出版教科书也关系到书店的经营和发展,所以在老板章锡琛的鼓动下,富有教学经验的叶圣陶开始编写教材。

叶圣陶最初编选的是《开明古文选类篇》和《开明语体文选类篇》,于1931年6月和7月出版。之后,开始自己创作课文。1932年,叶圣陶花了整整一年时间,编写出一部《开明小学国语课本》。

---

① 钱君匋著:《回忆初期的开明书店》,《书本集》,山西:山西人民出版社,1986年,第130页。

这套书分初小八册，高小四册，一共十二册，四百来篇课文。这四百来篇课文，大约有一半可以说是创作，另外一半是有所依据的再创作。内容上紧扣儿童生活，从儿童周围的事物开始学起，再逐渐拓展和延伸到社会。比如初小第一册第一课《先生早》只两行："先生早/小朋友早"。第一句是教师的口吻，第二句是学生的口吻，简简单单两句话就是国文的第一课。叶圣陶对此有自己的想法："开学那天，小学一年级的孩子是头一回跨进学校，觉得什么都既新鲜又陌生。见到老师，他们上前去鞠躬问好，老师微笑着欢迎他们。等到上课了，翻开课本一看，刚才温馨的一刹那原来已经写在课本里了，还有像快照似的插图呢。图上画着校园的一角，叶绿花红，美人蕉正开得盛，好个初秋时节！老师此时如果善于启发，定能使孩子感到学习的快活，逐渐养成观察和思考的好习惯。"

《开明国语课本》的语言风趣亲切，语调贴近儿童口吻，以适应儿童学习的心理，培养儿童的观察能力和想象力。在高小第一册中，《不用文字的书和信》介绍了古代传递信息的方法，就很有趣：

语文教育的先驱——叶圣陶传

在创造文字之前，有些民族已经有了通信的方法，跟记事用绳结或贝壳一个样，也用一些东西来表示意思。譬如这一族送给那一族一根枪或者一支箭，这就是一封宣战书。那一族收到了，就拿起武器来，准备战斗，决不会误会成别的意思。

从前有一个民族送给相邻的民族一封信。这封信一共四样东西：一只死鸟，一只死老鼠，一只死青蛙，还有五支箭。这些东西包含着什么意思呢？就是说："你们能像鸟儿一样在天空中飞，像老鼠一样在地底下藏，像青蛙一样在湖面上跳跃吗？如果不能，休想跟我们打仗。什么时候你们的脚踏上我们的土地，我们就用乱箭来对付你们！"

《开明国语课本》的插图设计很有特点。丰子恺工笔白描配图，寥寥几笔勾出人物和景象，活泼灵动，生机盎然，把中国传统写意技法展现得富有童真和趣味，形成了图画与文字的有机结合，这在当时同类教科书中是很新颖的做法。此外，在编写过程中，叶圣陶很注意课文是否符合语言教学的要求和进度，每课课文的长短，出现的生字和新词有多少，以及它们重复出现的次数,都让夫人胡墨林列表统计。当时的教育部在审定的评语里写道:这套课本在我国小学教科书中创一新例。教育界和出版界也纷纷发表评论,称赞这套教科书,"叶先生是素负盛名之作家,如今他编的《国语》,内容十分新颖。依据社会生活与自然生活,编为童话、寓言、故事,每课中动物的或植物的人物的特长,均与人类生活相吻合。像这样的结构与内容,在一般儿童读物中,实是不曾多见。"①《开明国语课本》初版后印行四十多次,成为开明最有代表性的教材之一。

1934年,叶圣陶和夏丏尊、宋云彬、陈望道为开明函授学校编写的《开明国文讲义》出版了。开明创办函授学校,目的在于帮助失学青年能自学普通中学的全部课程,包括体育以及一些谋生技能,如珠算和应用文。国文讲义是其中18种讲义之一,讲义中的修辞部分由陈望道编写,中国文学部分由宋云彬编写,课文的选编和读写常识由夏丏尊、叶圣陶编写。全书共三册,第

---

① 商金林撰:《叶圣陶年谱长编》第1卷,北京:人民教育出版社,2004年,第476页。

一、二册注重文章的类别和一般性方法，第三册注重文学史的讲述。前两册每四课设有一篇文话，用谈话体的体裁，讲解关于文章的写法、欣赏等方面的内容；第三册每三课设有一篇文学史话，讲文学的时代和社会背景。文话、文学史话和选文相互照应，浅易明白，便于自学。在《开明国文讲义》中，叶圣陶首次将"普通文字"和"文学"区分开，将"普通文字"区别于诗、戏剧、小说、小品文等"文学"之外。之后，又由"普通文字"梳理出"应用文"的类别，把布告、公函、批示、宣言、日记、书信、电报、说明书、报告书等界定为"应用文"。他将"应用文"选入课本，强化了中学语文科应用性的特点。

1935年，叶圣陶和夏丏尊合编供"初中国文课教学自修用"的国文教材。他们拟定初中生在国文课上应该得到的知识和掌握的技能，按循序渐进的原则对教学内容进行编排。初中6个学期，每学期上课18周，共108周，对应的就是课本6册，每册18课，总计108课，教学时每周上一课，每课有明确的教学目标，所以这套教材就叫《国文百八课》。教材编写到第四册时，抗日战争爆发，后两册未能出版。在这套教材里，叶圣陶第一次明确地提出国文课是一门科学,"在学习教育上,国文课一向和其他科学对列,不被认为是一种科学。因此国文科至今还缺乏客观具体的科学性。本书编辑旨趣最重要的一点就是想给国文科以科学性,一扫从来玄妙笼统的观念。"这套教材的单元编排,形成完整严密的体系。每课为一单元,有一定的目标,内含文话、文选、文法或修辞、习问四项,各项打成一片;每课所列课文,以文话为中心。文话讲文章知识,"百八课"也指文章有108个项目,或者说代表了文章的108个方面。每一课的文选均列古今两篇文章为范例;文法或修辞,从文选中取例,并保持自己的系统;习问是对前三项的复习巩固。从纵的方面看,四项都有一定的系统,构成全书完整严密的体现。

1937年6月,叶圣陶与夏丏尊合编的《初中国文教本》(六册)由开明书店出版,供初级中学国文科精读教学使用。这套教材含有精读范文及文章法则,文章法则又分甲乙两部。甲部提示文法要项,乙部提示文章理法,都根据范文分别安排。为了方便学生的自学和教师的教学,对范文中的生字难句及故事又加了详细的注释。

除了这几套教材外,叶圣陶还编写了《开明新编国文读本》(甲乙两种)、《少年国语读本》(四册)、《开明新编高级国文读本》《开明文言读本》《儿童国语读本》(四本)、《幼儿国语读本》(四册)等教材。这些教材为我国现代语文教材建设打下了良好的基础。

与青年交朋友的 《中学生》

20世纪二三十年代,我国无数青年学生失学失业,彷徨于分叉的歧路,饥渴于寥廓的荒原。1930年1月,开明书店创办《中学生》杂志,在创刊词里说:"我们是有志于此而奋起的。愿借本志对全国数十万的中学生诸君,有所贡献。本志的使命是:替中学生诸君补校课之不足;供给多方的趣味与知识;指导前途,解答疑问;且作便利的发表机关。"开明书店总编辑夏丏尊兼任《中学生》杂志主编。他知道,办好这个刊物不仅能为刚创立不久的开明书店打出名声,还可以大大推广开明的出版物。

《中学生》杂志在1936年出了十期,七月、八月休刊,由开明书店自办发行。每一期出版后,由杂志社将杂志裹上牛皮纸后卷成卷,贴上印有收件人地址和姓名的纸条，送到邮局寄递出去。《中学生》的订户不少是住校的学生，为了避免在假期中因更改投寄地址出现差错，因此每年一月的第一期是加了版的特刊，好让住校生在寒假里带回家去慢慢看；二月到五月，恢复原定篇幅；六月的又是特刊，正好陪伴学生在家里度过七月到八月的暑假；九月，新的学年开始，《中学生》又恢复原样，直到十二月。刊物跟随学生一同放假，是名副其实的"中学生"。

《中学生》杂志创刊时，叶圣陶还在商务印书馆工作。一天晚上，他拿着刚写好的童话《古代英雄的石像》叫儿子叶至善马上看一遍。四五页的大稿纸，大概800字，用钢笔抄得清清楚楚，至善一会儿就看完了。叶圣陶问他："看懂了吗？"至善说："有什么不好懂的。说石头被雕刻成石像，站在高高的台基上，看走过的人都向他鞠躬，自以为了不起，把砌成台基的小石块不放在眼里，还讽刺人。小石块们和他讲理，争吵了好几回。最后小石块说，石像你站在高头，没有意思；我们小石块垫在你下面，也没有意思。结果石像和台基一同倒了下来，砸成了一大堆碎石，分不清石像还是石块了。城里的人把碎石铺成了一条平坦的大路,走在上面都觉得很舒服。碎石在人们的脚底下说,我们的生活,如今才真正有了意思。"叶圣陶听了儿子的概述,笑着说:"好!"原来这篇童话是为《中学生》创刊而写的,一个小学将要毕业的孩子能大致看懂,让中学生看当然没有什么问题了。为《中学生》创刊,叶圣陶还写了一篇《作自己要作的题目》,是反对命题作文,鼓励中学生学会运用文字来表达自己的所见所闻所感所思。接着又写了《"通"与"不通"》和《"好"与"不好"》,刊载在《中学生》第二期、第三期上。

1931年1月,已经加盟开明书店的叶圣陶接替夏丏尊主编《中学生》杂志。叶圣陶非常热爱这份杂志,投入了大量心血,夫人胡墨林则成为他编写杂志的助手。各期《中学生》杂志的文章他几乎都看过,而且每到晚饭时都要把其中的故事和知识讲给孩子们,全家都是这份杂志的忠实读者。大儿子叶至善对无线电感兴趣,听了父亲讲的刊物上关于马可尼的故事,就要自己装收音机。叶圣陶不但给钱买零件,还找来俞子夷编写的无线电收音机制作法,支持儿子的兴趣爱好。结果叶至善从矿石机开始,装了拆,拆了装,渐次装到了直流三管机，又拆了想改装成用交流电的，前前后后花了一百多元，这钱足够买一台进口的收音机了。

《中学生》杂志的读者对象是青年，可刊载的内容不只是学业的辅导、知识的传授，也有对重大事件的执言。1931年9月18日夜，日本关东军炸毁沈阳柳条湖附近的南满铁路，并栽赃嫁祸于中国军队。日军以此为借口，炮轰沈阳北大营，"九一八"事变爆发。次日，日军侵占沈阳，又陆续侵占了东北三省。叶圣陶在编辑部和朋友们商量，大家都说《中学生》在这个时候不能不作声。这时第十八期杂志正准备印刷。叶圣陶马上通知印刷厂停印。叶圣陶没有马上动笔，而是继续观察国民党当局的动静，同时盘算着要撤掉某一篇文章，补上一篇多少字的稿件。等到第三天早上，日军已经强占了半个辽宁省，当局还在说要公告全世界，请国际联盟解决争端。看来再等也没有新花样了，叶圣陶把两天来朋友们的议论归纳在一起，写成了一篇《闻警》，并去工厂亲自校对，直到机器转动，见了样张。《闻警》大声疾呼青年不忘国耻，"在现今的世界上，公理是拜伏在炮口之下的……我们不能再漠然，要努力奋发，有所作为。"

《中学生》杂志在1932年2月号开设了"文章病院"专栏，"把看到的病的文章一字一句地来下诊断治疗的工夫""把文病指示给初学作文的人，叫他们不要重蹈覆辙"。这有点类似于现在的《咬文嚼字》，专门做语林的啄木鸟。首批诊断的"病文"有叶圣陶写的《第一号患者——辞源续编说例》，这是针对商务印书馆出版的《辞源续编》中那篇不通顺的"说例"的；以及《第二号患者——中国国民党第四届第一次中央执行委员会全体会议宣言》，这可是国民党的红头文件，叶圣陶的勇敢和正气不得不令人佩服；还有一篇是宋云彬写的《第三号患者——江苏省立中等学校校长劝告全省中等学校学生复课书》。

此外，《中学生》还先后开设过"中学生的出路""出了中学以后""致文学青年""我的中学时代""贡献今日的青年""革命者的青年时代""青年论坛""青年文艺""青年美术""地方印象记""学习指导""阅读指导""世界情报"（后改名为"内外情报"）等专栏，以及"科学特辑""读者特辑""文艺特辑""研究和体验特辑""非常时期教育特辑""华北与国防特辑"等，践行着《中学生》与青年交朋友,给予青年指导的办刊宗旨。所以,学生家长们把《中学生》杂志当作"子弟杂志",把夏丏尊和叶圣陶这两位主编称作中学生的"保姆",青年学生们则把《中学生》称作"课余伙伴",把夏丏尊和叶圣陶推崇为他们的良师益友。

举家之力的《十三经索引》

以前的人们为了检索方便,专门编有"索引"这种工具书。"索引"旧称"通检",也有的称作"引得"(即英文"index"的译名,如燕京大学引得编纂处编的《毛诗引得》《尔雅引得》《春秋三传引得》《论语引得》《孟子引得》《史记引得》)。有的书在前后还附有本书的"索引"。它将书籍中的各种项目或内容、文句分别摘录,标明出处或页数,并按字的笔画顺序或分类等方式排列,以便利读者检索参考资料。有了索引,查找资料就方便了。

叶圣陶当编辑,少不了要核对一些古籍,遇见引文找不到出处时,常常会急得满头大汗,于是他萌生了编一本《十三经索引》的想法——凡是出在《十三经》中的引文,一查就可以知道在哪一部书的哪一篇上,前文是什么,后文是什么。十三经,即《诗》《书》《易》《周礼》《礼记》《仪礼》《左传》《公羊传》《穀梁传》《孝经》《论语》《孟子》《尔雅》等13部儒家经典的著作,是从事文史编辑的人要经常翻阅的。编这样一部索引,用现在做学术的话说,是一项宏大的课题。

1929年秋,小儿子叶至诚已经3岁了,常常跟着姐姐叶至美去邻居家找小朋友玩,不用胡墨林一直照看。叶圣陶把编《十三经索引》的想法和夫人说了,得到了胡墨林的支持。编索引,最大的挑战是工作量巨大,需要极大的耐心和细心。胡墨林请来了亲戚——她的铮子姑母,铮子姑母的养女吴天然,还有王伯祥的女儿王浚华。家里不识字的祖母、11岁的大儿子叶至善也上阵了。叶圣陶带领着他的"老妇幼"团队,用剪刀加糨糊,打响了编纂索引的战役。朋友们开玩笑说,这分明是"家庭手工业"嘛。

叶圣陶买来一部版本较好的《十三经》,他先规定了编辑的"凡例"和各部经书各篇篇目的简称,比如《毛诗·国风·周南·关雎》简称"诗南关",《孟子·梁惠王上》简称"孟梁上"……之后根据诵读时的停顿断好句,后面的工作就可以由别人来做了。其他人按断句将原稿一句剪成一条，转行就用糨糊接上。剪完一篇，和简称的印章一起，用报纸包成一包，用墨笔大字标明简称。然后，将剪下的字条贴在卡片上，用红印泥在字条下边盖上简称的章。卡片上有个圆孔，贴完一包，就用麻绳串在一起。之后，给各条的头一个字批上四角号码，依号码从小到大，把所有的字条理一遍，头一个字相同的字条归在一起，再重新按照头一个字笔画从少到多，把所有的字条排列成序。

祖母不识字，就负责往卡片上贴字条和盖印，大家原来还担心老人家眼花手抖，结果发现竟没有贴倒的或者印章模糊的。印章是从排字房借来的铅字，胡墨林按纸包上批的"简称"一一整理好。大儿子叶至善的任务是保管唯一的机械——打孔机，并给卡片打孔。

字条顺序排定了，就要贴在裁成长条的旧报纸上。最后一道工序又回到叶圣陶手里。他把贴满卡片的长条报纸装订成册，总共有一百来册。从头到尾，逐条逐页看一遍。字条相同的，只留第一条，其余的用墨水涂去，留下后边的篇目简称。如果简称中的第一个字也相同，便只留下最

先见的一条，后面各条简称的第一个字也涂去。

叶圣陶白天上班，断句和删涂的工作只能在晚上和周末做；剪句条、贴句条、批号码、归类是流水作业，"老妇幼"团队就这样整整忙了近两年。1931年，《索引》的编纂工作终于完成了。叶圣陶把这一百多册稿子放在一口厚木箱里，存放在家中的三楼。然而还未及出版，九一八事变和一二八事变相继爆发。一二八事变中，闸北宝山路一带全被烧毁了，叶圣陶一家仓皇躲入租界。待战事稍定，叶圣陶带着长子叶至善回景云里查看受损情况，在一片狼藉中，三楼那个放《索引》稿子的大木箱竟安然无恙地保存在原处。一时带不走这么重的稿子，叶圣陶便捡了一条破木凳压在箱子上，又撒上一层灰土做遮掩。直到市面安定后，他才找了辆卡车把这个大木箱和能用的家具一块儿运走。

1934年8月，"劫后余生"的《十三经索引》由开明书店出版。开明书店当时想挤进商务印书馆、中华书局等大出版机构的行列，而大出版商的发展主要靠教科书和工具书两大项。教科书方面，开明书店已经闯出了自己的路子，做出些名气了，工具书却一部也没有。所以叶圣陶的这部

《十三经索引》算是为开明书店做了工具书的先锋军。

《十三经索引》的印刷装帧十分讲究，体现了开明书店一贯的精致。用的是又薄又韧的字典纸，黑色皮面精装，书脊上烫金的篆书书名由叶圣陶亲自题写，扉页有弘一法师写的题签。这本书从开始编辑到出版，花了五年时间。遗憾的是铮子姑母于1933年夏天患伤寒病去世，没有看到丛书的出版。叶圣陶在《自序》的末尾写道"叙缘起竟，搁笔怅然"，寄托对姑母的思念。

夏叶结亲

1932年一二八事变后，战火在上海蔓延。落入景云里叶家天井的炮弹没有炸毁《十三经索引》，可存有大量珍贵藏书的东方图书馆就没有这么好的运气了。日本轰炸机投弹轰炸了商务印书馆所属的东方图书馆，大火烧了三天三夜，被西北风卷起的纸灰四处飘散，让人唏嘘不已。

商务印书馆在战火中受损严重。停战以后，工厂和编辑所不得不重建。各个编辑室有的合并，有的缩编，人员也面临调整以及遣散。叶圣陶在商务印书馆的老朋友王伯祥、徐调孚、贾祖璋，也在这时候被请进了开明书店。

1933年元旦，夏丏尊和叶圣陶合著的《文心》开始在《中学生》上连载。也是在这一天，叶圣陶、夏丏尊和徐调孚三家合租了熙华德路汾安坊3号。叶家住东厢房，夏家住二楼的厢房和亭子间，徐家则住在前楼。那年，叶圣陶的大儿子叶至善15岁，夏丏尊的小女儿夏满子14岁。夏满子在白马湖畔长大，没到过上海。整个暑假，叶至善带着她游公园，看电影，天天在一起谈笑玩闹。男孩和女孩的故事就这样开始了。

时间久了，同住的徐调孚的夫人看出了两家孩子的感情，就对叶家和夏家的女主人建议："我替你们双方做媒吧。"这个提议正合两位母亲的心意，她们几乎同时微笑着说："好啊。"几天后，夏丏尊和叶圣陶谈起这事，夏丏尊说："好的呀。"叶圣陶则用他的苏州方言说了句："呒啥。"意思是没什么呀、挺好啊。两边的父母都看好这门亲事，又各自试探两位主角的意思。试探的结果是少男不开口，少女不回答，真是问到心里的害羞处了。可是光看他们的表情，父母们就已经明白了。于是两家的亲事就这么定下来了，大家商议将订婚的日期定在阴历新年的第二个星期天。

两家定下亲事的时候,叶圣陶和夏丏尊合写的《文心》已经完成三分之二,他们俩决定将这本书送给孩子们做礼物。朱自清后来写《文心·序》,就说:"丏尊的令爱满姑娘,圣陶的令郎小墨君,都和我相识;满更是我亲眼看着长大的。孩子都是好孩子,这才配得上这件好礼物。我这篇序也就算两个小朋友的订婚纪念吧。"

《文心》不仅见证了叶夏两家的结亲,还给叶圣陶带来了另一件礼物。1934年6月《文心》由开明书店出版,之后叶圣陶用这本书的稿酬在老家苏州的滚绣坊青石弄买下八分地皮,造了四间中西合璧式的平房,这就是"青石弄5号"。1935年10月,他把家搬回了苏州。

叶圣陶在开明书店的事业蒸蒸日上,为什么要从上海搬回苏州呢?也许答案可以从他到上海后写的一篇散文《没有秋虫的地方》里看出端倪。

> 阶前看不见一茎绿草,窗外望不见一只蝴蝶,谁说是鹌鹑箱里的生活,鹌鹑未必这样枯燥无味呢。
>
> 秋天来了,记忆就轻轻提示道:"凄凄切切的秋虫又要响起来了。"可是一点影响

也没有,邻舍儿啼人闹弦歌杂作的深夜,街上轮震石响邪许并起的清晨,无论你靠着枕头听,凭着窗沿听,甚至贴着墙角听,总听不到一丝秋虫的声息。并不是被那些欢乐的劳困的宏大的清亮的声音淹没了,以致听不出来,乃是这里根本没有秋虫。啊,不容留秋虫的地方!秋虫所不屑居留的地方!

叶圣陶从心里不太喜欢上海这样"没有秋虫"、到处都是钢筋水泥的大都市,他更喜欢亲近自然,喜欢宜居的生活。他在上海小小的水门汀天井里试着养花,可是"植物入了盆犹如鸟进了笼,无论如何总显得拘束,滞钝""推究到底,只有把植物种在泥地里最好"。即便能在天井的地上种植,又能怎么样?在上海,他四处搬家,多少也有点"海漂"的意味。叶圣陶想要的安定和宜居似乎很难在上海实现,也许"逃离"上海是一个选择。

叶圣陶搬家回苏州还有一个重要的原因,就是夫人胡墨林的身体和精神的不适。自从姑母病逝后,她的精神一直不好,加上平日工作和生活的劳累,胡墨林总是觉得身体不舒服,胃里发胀,喉咙刺疼,可是去医院检查,却检查不出什么毛病,也许这就是现在所说的"亚健康"吧。叶圣陶觉得换个好的环境,也许能疗养好夫人的身体。就这样,叶圣陶带着辞去工作的胡墨林,和一家老小搬到了这座"像梦境一般如诗如画"的青石弄5号。

青石弄的宅子里有四间小屋。从中一隔,一家三代——祖母、父母和三个孩子都有了各自的卧室。除此之外,又有吃饭间以及略事布置的会客室。雪白的粉墙,简单的陈设,多么宽舒敞亮;檐下的矮围走廊,荸荠色的廊柱门窗,多么整洁大方。

屋前的园子多适合种植啊,终于不用看着坚硬的水泥地板发愁了,叶圣陶栽了广玉兰、海棠、红梅、石榴、槐树、葡萄等十几株树木,四时不断地有花叶可玩。墙头的爬山虎,墙脚的书带草,把整个小屋和园子嵌入在绿色的画框里。这里再也不是"没有秋虫的地方"了,最熟悉的景致和往昔岁月仿佛都回来了。空气中弥漫着嫩绿的莼菜和洁白的鲜藕散发的清新气味,转角处就是沧浪亭的荷塘和苏州园林的皑皑雪景,更不要说那茶馆、酒楼、糕团、小巷、深院,河道、昆曲、说书,吴歌……

叶圣陶把家搬回苏州，并没有妨碍他在上海的工作。他仍担任《中学生》杂志的主编，平日就在家里办公，每月去上海待一星期左右，处理开明书店编辑部的事务。苏州离上海很近，交通便捷，那时已经有了快车，一小时二十分钟就到了，三等车票才一块二毛五。几个孩子的上学问题也好解决。大儿子叶至善仍在江湾的立达学园住校，寒暑假回来，只比在上海住家时稍远一点；二女儿叶至美和小儿子叶至诚都转到苏州的学校走读，至美上皇府基边上的乐益女中，至诚上平桥桥堍的平直小学。9岁的至诚就像小时候的叶圣陶一样，穿过苏州城弯曲的坊巷，走进那缭绕在江南水雾之中的校门。

第六章
西入巴蜀

西迁路上

青石弄5号是叶圣陶理想的宜居之所，像梦境一般如诗似画。可覆巢之下安有完卵，搬回苏州才两年，山河破碎的时局和纷飞的战火就打碎了叶圣陶的家园梦。

1937年7月，卢沟桥事变，日本帝国主义全面发动侵华战争。8月13日，日本侵略者对上海发动进攻。开明书店总部被炮火侵袭，经理室、编译所、印刷厂，栈房里的几百万册存书连同正在排印中的第77号《中学生》杂志，全部烧毁，损失超过总资产的80%。在惨痛的损失面前，开明同人不忍心让经营了十多年的事业就此败亡，竭尽全力维持。章锡琛、叶圣陶、范洗人以及开明汉口分店经理章雪舟等人决定在杭州会齐,取道吴兴、长兴、宣城而达芜湖,然后乘轮船到汉口,在开明书店汉口分店重新筹建编辑部。

谁知还未启程,苏州也告急了,日本人的飞机开始轰炸苏州城。叶圣陶不得不下决心舍弃刚安定的家业,举家迁离。他说:"我以为抗战要本钱,本钱就是各个人的牺牲。具有积极意义的牺牲就是所谓'有钱者出钱,有力者出力'。仅有消极意义的牺牲就是不惜放弃所有,甘愿与全国同胞共同忍受当前的艰苦。"[1] 叶家上下除了叶圣陶外还有七人:老母、妹妹、妻子、至善、至美、至诚,以及至善的未婚妻夏满子。9月21日,叶圣陶率领全家离开苏州,经运河来到杭州,三个孩子随夏满子暂回白马湖的夏家,妻子胡墨林陪老母、妹妹去绍兴,到直乐泗她姑母的结拜姐妹家暂住。安排好家人的暂时避难之所,叶圣陶与章锡琛、范洗人一起前往武汉,投入开明书店的复建工作。

叶圣陶到武汉后,发电报让全家人到南昌会

---

[1] 叶圣陶著:《抗战周年随笔》,《叶圣陶集》第6卷,江苏:江苏教育出版社,2004年,第7页。

合,他在那里接应大家去武汉。胡墨林把三个孩子和夏满子从白马湖畔召回绍兴,雇了条乌篷船,带着一家人前往临浦,计划在那里转火车去南昌。这条路线原本是很快捷的,当天早上出发,天黑前能到临浦,赶上夜车或者第二天的早车,最迟第三天中午就能到南昌。叶圣陶也按照这个时间,在南昌等候家人。谁知,船到临浦才发现四处都是逃难的人,各种传闻:有的说钱塘江大桥已经被炸毁,有的说日本人打进了杭州。总之一片混乱,更别提有火车了。叶圣陶和家人都在路途之中,无法联络告诉各自的情况。无奈之下,胡墨林决定换船改道去浙赣交界的衢州,在那里再做打算。船进了衢州,在龙游这个地方停靠时,大儿子叶至善上岸买吃的,居然发现龙游有个火车站,而且还有去南昌的火车!于是大家立刻又拿了行李下船,赶着下趟去南昌的火车。火车开了一天一夜,终于到了南昌。可家人找到之前和叶圣陶约定的见面地点,别人却告诉他们说:"你们才到啊,叶先生等得好苦,天天去火车站,空等了五六天,只好回汉口了。"原来叶圣陶按照约定从武汉到南昌接家里人,左等右等不见家人的影子,心想这兵荒马乱的别是旅途中出了什么事吧，真是焦急万分。11月20日上午，他写信给夏丏尊、王伯祥说："弟遂以前晚登轮，独行到此，正值西北风大作，江雨狂肆，思绪起伏，竟夕不眠。"21日下午他又写信给夏、王说："两日来，在狂大之西北风中，徘徊于南昌街市，此中况味，可以想见。"这样苦等了几天，一点音信都没有，筹建开明书店编辑部的事务还等着他，不能总在南昌等下去，无奈之下叶圣陶心绪不安地返回武汉。

一家人在南昌没能见到叶圣陶，于是决定坐火车去九江，再从九江坐船去武汉。这一次总算没有再出差漏，轮船在汉口江汉关靠岸。至善独自上岸，去找交通路的开明分店。等他冲上书店的二楼，父子相见，真是又惊又喜。一家人在武汉终于团聚。

1937年12月上旬，开明书店从上海运往汉口的印刷机械及书籍纸张在镇江白莲泾附近遭劫。12月12日，日军包围南京，武汉人心浮动，许多工商业开始撤离武汉，开明书店只好放弃在汉口建立书业基地的计划。经过大家商议，范洗人先去重庆建立办事处，为开拓西南市场做准备；章锡琛返回上海处理开明的几笔重要债务；

其余的人就地遣散，自谋出路。叶圣陶是开明的核心，却不愿搞特殊化，拖家带口走上了继续流亡之路。

正当叶圣陶和家人商议下一步打算的时候，一封发自重庆的快信让叶家决定继续西行。原来叶圣陶的外甥刘仰之在商务印书馆重庆分店当经理，他在重庆见到了范洗人，得知叶家困在武汉，便立刻写信邀请娘舅一家来重庆避难。

去重庆要坐船，可是兵荒马乱到处都是逃难的人，运输的船只大都被征用运输战略物资，船票非常紧张，一下子去哪里买七八张船票呢？天无绝人之路，胡墨林在武汉街头巧遇了叶圣陶的中学同学陆佩萱，他就在民生公司工作。民生公司是当时长江航线最大的私营轮船公司，陆佩萱在民生公司的"民族轮"上当买办，他知道了叶家的困难，表示愿意帮忙，但"民族轮"的马力小上不了三峡，只能先到宜昌，到了那里再想办法换船。于是一家人又手忙脚乱地收拾了行李，上了"民族轮"。陆佩萱安排叶圣陶一家住在船头的餐厅，虽然不是客舱但还算宽敞。船行到第三天晚上，突然传来南京陷落的消息，餐厅里一片寂静，悲痛之情和屈辱之感无以言表。

到了宜昌后,陆佩萱带着叶圣陶拜会了民生宜昌分公司经理李肇基。李肇基在加入民生公司前也是教育界人士,曾在江安省立第三中学和沪县师范学校任教,对叶圣陶敬重有加。当时滞留在宜昌等候坐船的人已达三万多,每天还在陆续增加,而这次入川的"民主轮"可分配的船票只有18张,在这样紧张的情况下,李肇基允诺给叶圣陶留出7张船票!叶圣陶感激萍水相逢的李肇基"雪中送炭",作诗答谢道:"蜀道之难今昔异,今难轮少票难求。备闻诸客艰辛语,一诺恩尤感李侯。"

1938年1月5日下午,叶圣陶一家登上了"民主轮",第二天清晨航船启程。叶圣陶望着渐行渐近的巴山蜀水,想到一路的坎坷终于即将迈过,提笔写下了充满雄心的《江行杂诗》:

> 故乡且付梦魂间,
> 偶与同舟做豪语,
> 不扫妖氛誓不还。
> 全家来看蜀中山。

重庆十月

1938年1月9日,叶圣陶一家经过数天的行船终于到达重庆,先住在复兴观巷二号——外甥刘仰之家里,后来搬到西三街九号开明书店驻重庆办事处。当时范洗人在这里租了一座三层小楼当作开明重庆办事处,一楼是栈房,二楼是范洗人的住所,叶家分租了三楼的两间。以前的房客留下一大一小两张写字桌,四把藤椅,四张几,两个橱柜,他们又添置了几张床,算是把家安下了。

叶圣陶来重庆前,本打算自己开家小书摊,以老板兼伙计,借以谋生。但到实地后,他发现这条路行不通。全家的生计都急需他想办法解决,于是他重执教鞭,去各类学校教书。先是重庆的巴蜀学校,这是一所收费颇高的贵族学校,校长是从上海请来的。巧的是,这位校长正是叶圣陶的小学同学周勖成。周校长得知叶圣陶来重庆,特意登门拜访,并邀请他教初中的国文,还说可以顺便解决他的小儿子至诚的读书问题。除了巴蜀学校这样的本地学校,当时还有不少内迁的高校,比如国立中央戏剧学校和复旦大学。国立中央戏剧学校校长余上沅邀请叶圣陶去教写作,在那里叶圣陶结识了教务长、戏剧家曹禺。在北碚的复旦大学,校长陈子展登门五次,请叶圣陶去教文法、修辞与写作。就这样,叶圣陶同时在三所学校任教,其辛苦程度可想而知。单是去巴蜀学校上课,就得每天八点出门,十二点回来,挤公共汽车,上坡下坡,十分吃力;作文有六七十本,须三个半天才能改完。从重庆去北碚复旦大学上课,乘船溯嘉陵江而上要走五六个小时,遇江水暴涨出现所谓"沙水"时,浊浪入舱,旅客衣衫尽湿,更有翻船的危险,每次去北碚都是一次小小的冒险。叶圣陶每两周去一次,一到那里就要上半天的课。第二天又上一课,然后再坐船赶回,疲惫不已。他在给朋友的信中说:"教了三个月的课,觉得担任太多了吃不消。弟讲课惯用高音,语语使劲,待下课时累得要命。有几天连上五节,待回来看见椅子就坐下,再也不想起来了。"①

叶圣陶辛苦地在三所学校教课,一是生活所迫,另一方面也为了"心有所寄"。当时他在三所学校的月薪加起来,刚好 100 元。可全家人一个月光伙食费,再省也需 60 元。此外,长子至善和女儿至美在四川中学读书,每学期光缴费就要

---

①叶圣陶著:《渝沪通信》,《叶圣陶集》第 24 卷,江苏:江苏教育出版社,2004 年,第 141 页。

80元。幼子至诚念小学也要一笔花费。在上海以及杭州生活时,叶家一直都雇佣工,胡墨林料理家务,许多事情不须亲自动手,而现在只好全由家人自己处理。墨林率领至善、至美、满子三个稍大的孩子,每天早起烧水给大家洗脸,然后独自出去买菜,菜买回来,粥已煮好,于是大家吃早饭。上班上学的忙着出门,墨林和满子接着煮饭做菜,忙到中午。下午五时,在烧煤的风炉旁又忙起来,直到晚间九时才入睡。此时的墨林成为一个真正的家庭妇女,用自己的辛劳维持着一家人的起居生活。

重庆的湿气重,叶家人不适应这里的水土,相继生病了。好在胡墨林懂点中医,平日遇到家人闹肚子或咳嗽,她就自己开几味枳实、焦麦芽或者半夏、桔梗之类,也能管用。可至诚拉肚子,服用枳实、焦麦芽等药汤却不见效。看了西医再看中医,才发现得的是痢疾,后来用了特效药"安痢命"才逐渐好转。至诚的病还未痊愈,满子和墨林又相继腹泻发热。经中医疗断,满子患的是湿症,开了药方一剂而愈。墨林为了节省诊费,没看医生。自己在满子的药方上增减几味药,又买了几粒能治一切腹泻的"安痢命",居然把病治好了。

胡墨林的病刚好,至善又生起病来。医生看了,说是伤寒。当时,伤寒是一种致命的病症,墨林的姑妈和满子的姐姐都是因为伤寒去世的。幸亏当时南京著名的中医张简斋也在重庆避难,经人介绍把他请来了。老先生来的时候是晚上,看完病开了药方已经快十点了。他并没说必须当夜服用这方药,但一家人哪里还等得了过夜,满子揣着方子摸黑跑到曾家岩的药铺抓药,跑回家时祖母已经扇着炭炉等着。药煎好让至善服下已经后半夜了。张老先生前前后后来看了十四次,总算使至善闯过了伤寒"第一候"肚痛,"第二候"大泻等关口,到"第三候"之末日,才化险为夷,转危为安,病况逐渐好转。"第三候末"那次,因为误服了西医开的退烧药,至善出汗,体温突低,脉搏微弱,手脚俱冷,吓得墨林凑在至善的耳边上直叫:"小墨,小墨,醒醒。"这一夜,又是全家人的不眠夜。为了给至善治病,花去医生出诊费、医药费 200 元,相当于叶圣陶两个月的全部收入。叶圣陶也累得病了几天,向几个学校告了假。他在写给朋友的信中说:"近来弟亦甚瘦,两颧高起,双臂骨出,有如东华。此际除满子外,无人不瘦。得句云'经年流寓全家瘦'。"①

生活虽然艰险,但叶圣陶始终不忘积极投入抗日救亡工作,不忘坚守在上海"孤岛"和散落在各地的亲友。他一到重庆,就帮助谢冰莹创办重庆《新民报》副刊《血潮》,写了《向着简练方面努力》《教科书的缺乏》《写那的确属于自己的东西》等文章予以支持。接着,他和茅盾、楼适夷、宋云彬等创办《少年先锋》杂志,同时还成为大路书店的共同发起人。他为《少年先锋》和大路书店的《给战时少年》撰写了多篇文章,鼓励青少年在抗战中尽自己的责任,做好抗战工作。1938年3月27日"中华全国文艺界抗敌协会"在武汉成立,叶圣陶为大会主席团成员。不久,他又受邀担任中苏文化协会研究部副主任。他还在给朋友们的信中赞扬老舍、丰子恺、章伯寅等人的气节,痛斥苏州地方维持会的汉奸,以"维护桑梓"为名,实投敌卖身苟安的丑行。他在得知青石弄5号还未被毁坏时,并没有庆幸,

---

①叶圣陶著:《渝沪通信》,《叶圣陶集》第24卷,江苏:江苏教育出版社,2004年,第166页。

而说:"希望院子被我们的游击队的枪弹打得七穿八孔,被我们的正规军的大炮轰得稀巴烂,总之,不到抗战胜利,决不返回故乡!"

乐山的婚礼

1938年8月,内迁乐山的武汉大学文学院院长陈通伯来重庆拜访叶圣陶。原来立意要把全校基础国文课好好整顿一番的陈通伯,听说叶圣陶来到重庆避难,觉得他正是合适的人选,便来邀请叶圣陶往武大任教。武大开出月薪300元,比起重庆的收入要优厚不少,而且乐山空气不像重庆那样混沌,比较清爽,"甚似苏州",有利于至善的病后休养。叶圣陶决定接受邀请,举家迁居乐山。

乐山古称"嘉州","天下山水在蜀,蜀山水在嘉",这里风光秀美,在战时的环境下倒有一种世外桃源的意味。乐山距离重庆约500公里,交通比较闭塞,叶圣陶一家于11月22日从重庆坐轮船启程,经过七天的跋涉才到达。乐山的马路是三合土路,即用石灰、水泥、黏土混合夯实而成,不宽不窄,两旁栽种着疏于修剪、既不高大又不粗壮的泡桐树。街道上没有奔驰的汽车,偶尔有两三辆人力车或自行车往来其间;街两旁没有西式的别墅高楼，只有中式的平房。乐山没有当地的报纸，成都的报纸隔日才可以收到，重庆的报纸，则要过五六天。政府机关从无线电听来新闻，把重要的四五条写在黑板上，向民众通报外界的消息。叶圣陶一家到达那天，只见悬挂在公园门前的大黑板上正书写着"十月二十七武汉失陷"等字样。想到在重庆出发以前，尚在高呼"保卫"的"大武汉"，竟在他们行程期间失陷，怎能不叫人唏嘘愤慨！

叶圣陶一家先借住在位于校场坝的商务印书馆乐山办事处后院的空屋里。校场坝，顾名思义早先应该是练兵场，后来扩建为街市，就成了街名。这幢房子原先是卖四川特产桐油的油铺，商务印书馆租下这家店铺后，把油栈改成了书栈，因为没有门市零售业务，店面的排门就紧闭不开，只留下个供人进出的前大门。这家店铺总共有三进。书店办事处经理黄幼卿和工友老刘，住在第一进。第二进是个四四方方的走马楼——这是一种特有的民居建筑形式，四周都有走廊可通行，甚至骑马可以在里面畅行无阻。叶家就住在走马楼后墙开门出去的第三进——带着天井的小院子里。

第二进作为货栈,是这幢房子的主体,面积是另外两进的几倍,架起的回字形走马楼南北各有一个扶梯,可供上下。走马楼上还有梯子,爬高到顶端,向上掀开朝天的板门就可以通往屋顶的望楼。在这个没有高楼大厦的乐山小城里,登上望楼,可以鸟瞰城中的街道房屋;如果天气晴朗,还能望见岷江对岸的峰峦,向西南方向甚至能望见远处的峨眉山。走马楼上堆放着历年积压下来的各种书籍,其中有《傲慢与偏见》《德伯家的苔丝》《统治者》《吉姆爷》等世界名著,这些都成了叶家孩子们消磨时光的好伴侣。让小至诚惊喜的是,他在楼里发现了许多民国初期、甚至是清代的邮票。在节假日里,他就和一两个同学整天泡在走马楼上,发掘集邮宝藏。

第三进是叶圣陶的家,有东西两边的厢房。西厢房只一前间,本该做后间的那一方地面,砌着灶头,做了厨房。东厢房分前后间。刚搬去的时候,叶圣陶和胡墨林住西厢房,祖母和满姑娘住东厢房的后间,前间归叶家三兄妹。东西两边的厢房之间也盖着屋顶,后半部分是这幢房子后门的门堂,前半部分,在天井上面架了屋顶,成为可供摆桌子吃饭的场所。

这幢房子的一、二两进虽然有电灯，但乐山电力不足，晚上九点就停电了。第三进早先没有拉电线，如果自己去拉又昂贵异常，于是叶圣陶索性不用电，入夜就用油盏。他在《鹧鸪天·初至乐山》中写道"更锣灯蕊如中古"，说的就是没有电灯而用油灯的情形。虽然电力资源贫乏，但日常生活的费用比起之前便宜不少。米，7元多一担；木炭，2元一担；肉，2角一斤；在夜市上买一整只烤鸭，只要4角钱；而且鱼的价格很低，3条小白鱼只要1角8分，而在重庆至少要6角，叶家为节省费用，就三天两头买鱼吃。总之，一个月，60元就能让一家人吃饱了。

住得安稳了，吃得好了，大儿子叶至善的身体也逐渐康复。3月中旬，国立中央技艺专科学校搬到乐山，校址就在嘉乐门外岷江边上的江云庵。叶圣陶和至善散步经过江云庵，遇到一位叫曹自晏的老师，大家就坐在木料堆上谈了起来。原来在计划中，这样的国立专科学校有21所：其中的15所附设于有条件兼顾的大学中，在去年秋季已经开学；剩下制革、造纸、蚕桑、染织、水产、农产制造等6所无所归属，合办成这所技艺专科学校。叶圣陶一直鼓励儿子学技术，听说这个学校是学习生产技术的,他很满意。不久技专开始招生,至善报名考上了农产制造科,也就是学"农产品加工"。大哥上了技专,二姐至美进了县女中,小弟至诚则进了武大附小乐嘉小学,叶家三兄妹各得其所。

在乐山安定下来后,至善和满子的婚事被提到日程上了。不少吃过叶家订婚酒的朋友来信时也总是关心这件事,于是叶夏两家决定于6月,在乐山、上海两地同吃喜酒。

在准备婚事的三四个月里,叶圣陶和胡墨林比儿子和儿媳还幸福。他们搬出自己原来住的那一大间屋子,让给儿子做新房,并置办了一套新家具。另外请木工买木料整修房子,天井的后半部本来铺着水泥盖着瓦,让木工加上了地板、天花板和板壁,隔成的两个小房间,都装上了门窗。虽然没上漆,看起来却精巧雅致。右边一间占三分之一,作为叶圣陶和胡墨林的卧室,放下一张双人床,就没有什么可空余的地方了;左边一间占三分之二,放叶圣陶的书桌坐椅,还能放两把椅子和一张小方桌,工作会客都在这儿了。现代名儒马一浮从广西宜山来到叶家做客,相见以后,第一句话就说:"这里真可谓屋小如舟。"

喜筵设在"皇华台",这是前清接待巡抚之类高官的驿馆,盖在嘉乐门左侧的城墙上,后轩对着从正北方滚滚而来的岷江。那时"皇华台"由红十字会管理,可以租用。虽然装有电灯,但没有电。叶圣陶跑了红十字会又跑了发电厂才开了后轩的门,雇人打扫干净,接上了电。他向一家江苏人开的馆子定了6桌菜,买了一坛眉山造的仿绍。6月3日下午,大家去照相馆拍了一张全家福,新郎和新娘还照了结婚照。当晚摆了六桌席,武大同事两席,武大学生一席,至善、至美的同学各一席,此外专门为女宾设一席。贺昌群、李儒勉、陈通伯等宾客们闹酒,胡墨林喝了二三十杯,好酒量的叶圣陶则喝了四十杯以上,难得醉醺醺了。

抗战以来的一年多时间里,叶家人一路向西,行了多少坎坷路,换了多少居处,终于在这样一个远离战火、过日子比较容易的地方安顿下来。而且还把至善和满子的喜事办好了,这也了了叶圣陶的一桩心事。

大轰炸之后

1939年8月中旬,叶圣陶应四川省教育厅邀请，离开乐山前往成都，为"中学教师暑期讲习会"讲授国文。他并不知道，自己离开后乐山遭到了一场劫难。

8月19日，星期六，叶至善为了准备期末考试，提早从城外的技校宿舍回到家里。那天天气晴朗，万里无云，太阳炽热地照着大地。大约11点钟，商务印书馆的工友老刘进来说，发空袭警报了。叶家的人出门一看，只见沿街的店铺都在上门板，人们正乱哄哄地逃警报。叶家是照例不逃警报的，他们不大相信日本人真会轰炸乐山这个偏僻而且没有军事目标的地方。

不一会儿，武大的女学生吴安贞上门来了。吴安贞是叶圣陶的老朋友吴辑熙先生的家属。1922年，叶圣陶在北京大学教书，住在大石作的时候，一起住的就有吴辑熙先生及其家眷。那时候，吴安贞还是个小女孩，在乐山相见，她已经是武大外文系的学生了。他乡遇故人，自然分外亲热，平时也常常来走动。这天她因毕业来辞行，走到半路遇到警报，她也没去躲避，径自前来。

此时正是中午，叶家人当然把吴安贞留下一起吃午饭。饭刚吃了一半，就传来隆隆的飞机声，而且架数还不少。大家这才意识到危险，于是立刻向走马楼堆书的地方冲去。之前大家讨论过，万一遇到轰炸，好像那里会安全一些。叶至诚刚跨出客堂的门槛，忽然"轰隆"一声，头上身上就接二连三地中了好些碎瓦片。他眼前一阵昏黑，本能地扑倒在地上，身子紧靠着书篓——不是做梦吧，真的轰炸了！

等到尘埃落定，地面铺了厚厚一层尘土，眼前才重新明亮起来。敌机还在头顶上打着转，砰砰砰地放着机枪。至诚看看周围，除去脸上身上蒙了尘土以外，大家都没事。前面书店的黄经理和他的两个朋友，以及工友老刘也躲到这里，伏在书篓旁边。屋顶上开了脚盆大的一个窟窿，一道强烈的光柱从那里直射下来。

大家突然发现至善不在身边，焦虑地齐声呼唤他的小名："大官！大官！"至诚想起刚才哥哥跑到走马楼上去看飞机了，该不会有什么危险吧？正想着，只听楼梯"骨碌碌"一阵连滚带跑的声音，至善下来了。原来他刚掀开通往望楼的朝天门，迎面一股强大的气流就把他掀翻在走马楼上，他稍躲了一会儿，就赶紧下来了。

大家正庆幸至善的脱险，胡墨林突然大叫一

声:"火!"她无意中摸到一块十分烫手的碎瓦片,意识到一定是起火了,抬头一望,只见屋顶的大窟窿外面闪着火光,禁不住高声惊呼。黄经理像被蛇咬了一口似的,从地上直跳起来,向前门奔去。至诚也同时跳起来,奔进自己房间,把集邮簿拿在手里——他平日向同学们夸口过"邮存与存,邮亡与亡"的话。

奔到前门去的黄经理发疯似的奔了回来,边跑边喊:"赶快打开后门!前面火封了路了!"后门在叶圣陶住的屋里,被书桌抵住。黄经理等人把书桌往外一丢,才发觉新铺的地板把朝里开的后门挡死了。老刘赶快拿来劈木柴的砍刀,朝着地板上粗壮的枕木砍去,砍了十几刀都没有什么效果,立刻改变主意,转到厨房间去凿壁洞。偏偏砌墙的青砖是特制的,比枕木还要坚固。又只得放弃凿壁洞,再次砍枕木。这一回几个人一齐动手,连菜刀也用上了,仍然只留刀痕,看不到把枕木砍断的希望。绝望中黄经理再一次奔向前门,想看看有没有什么转机,却看到第一进房子已经在熊熊燃烧。他关上第二进的门,退回来在后门口团团打转,眼泪不断地往下掉。素来倔犟的至美第一个哭出声来,屋子里12个人,多一半也哭了。

在大家绝望的时候,作为长子的叶至善还算冷静,他仔细看了看后门,发现门的木枢跟它插进的石窝之间大约有三寸多距离,如果大家用力把左边的那扇大门抬高,使木枢的下端脱离石窝,再把门向左边推出去,应该可以露出一道缝来。果然,众人一起使劲,就把一扇门抬离了门臼,再一移,紧闭的后门露出一条上窄下宽的缝来,刚够一个人进出。大家让老祖母先走。门缝狭窄,祖母背驼,怎么也挤不出去。于是就让吴安贞先出去,从外面帮着拉。她忍着手臂被灼伤的痛楚,硬是把老祖母拽了出去。随后,胡墨林率领儿女们,带上一点东西,一个个钻出门缝。至善最后一个出来,临走前他四处看了一遍,拾了些夏衣塞进一口竹箱,又见父亲平日常用的澄泥砚正在脚边,也随手放了进去。这个泥砚,是胡墨林娘家的旧物,砚背刻有张叔未的铭文。叶圣陶当时所有的书籍文具,就只剩下这只砚台,因此一直保存至今。他又来到新屋,将结婚时朋友送的一支派克笔和一只半斤重的梨子塞进裤子口袋,这才告别这幢即将焚毁的房子。

后门外是城墙,城墙周围零星几间低矮的草

棚已经被火星点着,有的已经烧尽,有的正燃着熊熊火焰。一家人沿城墙向东,再朝南拐,走出安澜门,只见平日散步的江边已成一幅凄惨的景象。男男女女,老老少少,个个惊魂未定,茫然不知所措。不少人受了伤,或皮焦肉烂,或鲜血淋漓。

这时又传来隐隐的飞机声,在河滩上的人们立刻骚乱起来,有的向西,有的向东,不知往哪里躲藏才好。叶家人靠城墙坐着,把竹箱、提箱和藤包放在前面,幻想这或许可挡一下机枪子弹。旁边一位老太太跪了下来,嘴里颤颤地不住念着阿弥陀佛。飞机并没有扫射,原来那是施虐后扬长而去的飞机。

一场虚惊过后,至善主张渡江到对岸去,那边似乎安全一些。渡江要靠船,找了半天,只有一条小船在江心里划着。叶家兄弟高声呼唤,船家怕渡江的人太多,翻了船,就是不肯划过来。说了不少好话,许以颇高的价钱,船家才答应把船停在水浅的地方。老刘背了老祖母,至善抱了母亲送到船上,其他人就蹚着水登船。上了船大家才觉得口渴难忍,至善带出来的那只大梨可救了急,也顾不得"分梨(离)"的忌讳,每人分了一小口。就这样，大家终于逃出火窟，来到安全地带。除去吴安贞的手臂被灼伤了一块，老祖母背皮擦破了一点，还有黄经理在炸弹落下时伏地颤抖，把膝盖磨破一层皮外，其他人都没有受伤。在敌机投弹最密集的校场坝一带，这算得上是奇迹了。要知道，据一些当时正在峨眉山上的武大学生说，从山上望下来，整个乐山就像个大火盆。

家被烧毁了，大家决定去投奔叶圣陶的好友贺昌群。贺昌群家在离城五里的雪地头，空袭时，贺先生望见城里起火，很为老朋友一家担心，想要进城去看，却被逃难的人流和火势所隔阻。如今见叶家一家老小平安到达，当然是喜出望外。等到一家人安顿下来，已经是下午五点了。

在乐山遇袭的时候，叶圣陶正在成都。19日这天，成都也发了警报。叶圣陶出了新西门，来到郊区的稻田边躲避。到了下午两点左右，警报解除，他才回到城里，听到有人说泸州被炸，有人说自流井被炸，提到的地方有八九处之多。到下午四点半，才知道被炸的是乐山！据说全城毁了四分之三，大火还没扑灭。那一夜叶圣陶几乎没有合眼。他想自己的家在岷江和大渡河合流的尖嘴上，那是日本飞机最先飞过的地方，绝对不会不被炸……他简直不敢再想下去。为了排除那些可怕的念头,他故意听窗外秋虫的鸣声来分散注意力,可是没有用,不到一分钟,那些可怕的念头又钻到心里来。这一夜对叶圣陶来说,是无尽的煎熬。

第二天一大早,教育厅紧急安排了一辆小汽车送叶圣陶和另几位武大教授赶回乐山。大家一路上数着沿途的里程碑,恨不能一下子把全部旅程走完。然而越是快到乐山,心情越是紧张害怕。车到至善学校附近时,遇见武大事务部的一个人,他对叶圣陶说:"校场坝已完全烧光了,你们一家人不知下落。"叶圣陶一听,如雷轰顶,心都要碎了。车进嘉乐门,不能再往前走了。巧得很,叶圣陶一下车就遇见了吴安贞,这才得知全家平安,已经在贺昌群家住下了。叶圣陶一颗悬着的心总算放了下来。他急切地跑往贺昌群家里,刚到贺家所在的山脚就听到墨林和至诚的高呼声——他们在焦急地等待丈夫和父亲。

劫后余生的家人终于团聚了。

受聘四川教育科学馆

乐山被炸后,叶圣陶在城外张公桥雪地头租

了三间屋子,把家又安顿下来。新租的房子朝东,前面有长约丈许的一块空地,四周用竹篱围起来,篱外是菜圃,圃外就是竹公溪。屋后是一座小山,从书房往外看,石壁上绿色浓淡相间,别有一番幽居的意境。更让叶圣陶安心的是,附近有一个蛮洞,再遇到警报不用四处躲避,可以从容地入洞避险。

搬到新居以后,叶家的生活又回到了正轨,这段时间叶圣陶和武大学生的交往更密了。学生们常常步行来到这里,与叶圣陶闲谈。一些学生对政治不满,想用出壁报的方式来表达愿望,叶圣陶对此很支持。不久,图文并茂的壁报不断涌出,打破了武汉大学以往的宁静。叶圣陶受文学院院长陈通伯邀请来武大中文系任教,对当时武大中文系的旧派势力冲击很大,那些守旧的教员乘机纷纷议论,说叶圣陶思想左倾。不久,叶圣陶和武大中文系主任刘博平之间爆发了一场冲突。

1939年秋,开学一个月后,由系主任刘博平亲自命题,对中文系一年级新生进行一次语文测验,题目是把柳宗元的《佩韦赋》中的一节译成所谓的"恒言"。

试将下文译为恒言

纯柔纯弱兮必削必薄，纯刚纯强兮必丧必亡。韬义于中，服和于躬，和以义宣，刚以柔通。守而不迁兮变而无穷，交得其宜兮乃获其终，姑佩兹韦兮考古齐同。乱曰：韦之申申，佩于躬兮；本正生和，探厥中兮；哲人交修，乐有终兮；庶寡其过，追古风兮。

这考题出得莫名其妙。当时正面战场战局不利，东北、华北、华东、华南已经沦陷，不要说一年级新生不可能理解这番高论，即使理解，那么"韦之申申，佩于躬兮；本正生和，探厥中兮"，是要他们做什么？是不是要他们去追求和平，为日寇开辟一条投降的道路？何况什么是"恒言"？是白话还是浅近的文言？谁也弄不清楚。系里指定叶圣陶、朱东润、高晋生三人监考。考场上学生们一脸茫然，询问叶圣陶等人什么是"恒言"，他们只好回答："你们按自己的理解写吧！"这种答复，不要说学生不满意，叶圣陶等人也不满意，觉得刘博平应当在事前说明一下。

到了阅卷的时候，一向好脾气的叶圣陶动怒了："什么恒言！我们都不理解，那看什么卷子呢?"他和朱东润、高晋生联名写信给教务处,以"恒言"二字不知所云为理由,拒绝阅卷。

"恒言之役"很快引发了后续的反应。刘博平以有人与他作对捣乱为由,向校长请辞,实则以此要挟学校当局对叶圣陶等人做出处理。刘博平还安排一名助教去听叶圣陶的课,做到有闻必录。叶圣陶一口吴侬软语,有时为了表达清楚会将一句话重复说。刘博平以此散布谣言,说叶圣陶文句不通。愤怒之下,叶圣陶辞去武大教职。

1940年7月,叶圣陶应四川省教育厅长郭有守的邀请来到成都,任教育厅教育科学馆专门委员,从事教学的规划和研究工作。他的家人则继续留在乐山生活。教育科学馆有点类似于现在的教科所,主要从事教育规划和研究的工作,专门委员则类似于现在的学科教研员。叶圣陶还负责编写《国文教学丛刊》,并担任《中等教育季刊》和《文史教学》杂志的责任编委,处理日常的编辑工作。

根据教育厅的安排,叶圣陶在武大课程结束后的7月1日便开始了教育科学馆专门委员的工作。他启程到夹江视察中学教育,并在当天来到女儿至美所在的嘉属联中听初中国文课。第二天早起，看了学生的作文，8点左右又到罗祠，听乡师科上国文课，下午与国文教师开座谈会。第三天参加学校高中部升旗典礼，给学生做了题为《国文与文学》的演讲。

叶圣陶到成都工作，又见到了好友顾颉刚和朱自清。顾颉刚这时在成都的齐鲁大学任教；朱自清虽然在云南的西南联大任教，但他把家安在成都，所以暑假时能相见。西南联大的教师每隔四年可以进修一年，朱自清恰好遇到进修的时段。叶圣陶问他这一年的假期有什么打算，朱自清说如果有合适的题目就写些零星的文章。叶圣陶向他提出建议：国文课一向注重讲解，好像忘记了帮助学生训练自己阅读的能力，不如两人合作，写一二十篇文章，把阅读教学的目的和训练方法跟中学教师讲清楚。朱自清想了想说："一般教师恐怕还不曾想到讲解课文和阅读教学并不是一回事；还有略读，跟呆板的讲解差得更远了；要商量出个头绪来，好分头动笔。"这样，就有了两人合作的《精读指导举隅》和《略读指导举隅》。两本书作为四川省教育厅的《国文教学丛书》，由商务印书馆出版。

1940年11月,按照教育科学馆的安排,叶圣陶到成都西北的崇宁、彭县、灌县和郫县等地方视学,调查中学的国文教学情况。一路上,他乘人力车和鸡公车(一种木质的独轮车,走起来"叽咕叽咕"如鸡叫,故有此名),住在小客店或学校宿舍,吃得也很马虎,经常以面点充饥。叶圣陶视察了华阳中学、省立成都女子职业学校、私立济川中学崇宁分校、崇宁华阳中学、省立成都女子中学彭县分校、彭县县中、灌县县中、郫县初中女生部、私立大成中学等校。每到一所中学,他都忙着听老师们讲课,看学生的作文本,与师生座谈,为师生做诸如《学习国文之方法》《学国文之目的》《学习国文之要》等系列演讲。他马不停蹄,从一个县到另一个县,视察了一个又一个学校,历时半个月之久。叶圣陶自己说:"这样别致的旅行,我一生中就只有一次。"①

1941年2月,叶圣陶把全家由乐山迁到了成都,在新西门外罗家碾王家冈租了所农家的茅屋住下来。生活又翻开了一页。

---

①叶圣陶著:《〈成都近县视学日记〉小记》,《叶圣陶集》第19卷,江苏:江苏教育出版社,第336页。

五十初度

1942年4月,以前开明书店的老朋友傅彬然从桂林来到成都拜访叶圣陶。原来开明书店自汉口遣散了主要人员后,这几年在后方重开店面,逐渐站稳脚跟,这次傅彬然就是来邀请叶圣陶出山,重振开明的编辑出版事业。抗战时,大批文化人士聚集桂林,叶圣陶在上海时的老朋友也大多在桂林,傅彬然邀请叶圣陶到桂林一游,共议开明事项,同时还可以会会老友。想到能够重振开明,还能见到许多年未见的朋友,叶圣陶欣然应诺。

在动身去桂林前,叶圣陶当爷爷了。4月19日,大儿媳夏满子生下一个男孩。叶圣陶早已给这个孙子取好了名字——三午。因为他自己生于甲午年,叶至善生于戊午年,而1942年正是壬午年,两代父子相差各24岁,都生于午年。婴儿出生后两天,正忙于收拾行装、结清手头工作的叶圣陶终于抽出空去保婴院探望。三午白白胖胖,秀气可爱,叶圣陶非常高兴。他对胡墨林说:"等我从桂林回来,正好可以给三午做满月。"他自己也没想到,归期一拖再拖,等到他回来,赶上的是给三午过百天。

5月2日,叶圣陶和傅彬然一起乘卡车,顶着烈日先赴重庆。在重庆,他们拜访了黄炎培、沈钧儒、王云五、孙伏园等友人。5月14日,又登上运盐车前往贵阳。在那里,他拜访了丁晓先、章元善、谢六逸、李青崖等朋友。接着又从贵阳乘车去金城江。四百多公里的路程,汽车开了三天才到。6月3日从金城江乘火车,终于在第二天到达桂林。从成都到桂林,叶圣陶走了一个月零三天,沿途跋涉,艰苦备尝。

桂林是抗战进入相持阶段后中国仅剩的几座未被日军占领的后方城市之一,是广大西南地区的军事重镇和交通枢纽。优越的地理位置和相对宽松的政治环境,使得桂林在广州、武汉沦陷后,成为文化界人士聚集的地方,其规模已远胜于武汉时期国民政府第三厅的"名流内阁",成为当时国民党统治区的进步文化中心,被誉为抗战"文化城"。

在桂林,叶圣陶见到了许多久别的老友:茅盾、金仲华、范洗人、宋云彬、欧阳予倩、柳亚子、胡绳、熊佛西、洪深、胡风等。茅盾是叶圣陶的老朋友,自从《子夜》出版后,已成为家喻户晓的知名作家。1942年初,茅盾由香港转道来到桂林。由于大批文化人士涌入小城桂林,住房一下子紧张起来,茅盾很长时间无法租到住房,最后在别人让出的一个八九平方米的厨房里安下一张床和一张简易的桌子。即便这样,他硬是在那张一头放置油盐酱醋、一头做写作用的简易桌子上完成了著名的长篇小说《霜叶红似二月花》。在桂林,茅盾夫妇请叶圣陶吃饭,席间谈到他们在新疆的经历和从香港脱险的经过。茅盾谈兴正浓时,忽然响起了警报,他们连防空洞也顾不得去躲了,仍然津津有味地继续畅谈别后的境况。

从桂林返回成都后,叶圣陶正式辞去教育科学馆的职务,重新开始了在开明书店的编辑工作。根据在桂林的商讨结果,开明书店编译所成立成都办事处,叶圣陶出任处长,助手只有一人,就是胡墨林。《中学生》杂志是开明书店的老牌杂志,1937年8月停刊后于1939年5月在桂林复刊,为了适应战时的需要改为半月刊,封面上印上"战时半月刊"的字样,后来又改为月刊。成都办事处成立后,《中学生》杂志编辑部迁到成都,叶圣陶在成都把稿子编定后,再寄回桂林印刷出版。1945年9月,为了抗议国民党政府的审查制度,《中学生》杂志和重庆的《东方杂志》《新中华》《民宪》《宪政》《民主世界》等杂志联合发表声明,拒绝送审,并出版"联合增刊",宣传民主和出版自由。叶圣陶还代表成都十七家新闻团体,起草《致重庆杂志界的一封公开信》,表达了对审查制度的抵制。由于叶圣陶及其主持的开明书店和《中学生》杂志的带头作用,成都的进步报刊也做出响应,最终取得了"拒检运动"的胜利。

1943年,叶圣陶虚岁50岁,他原本想依从旧例,买几斤面条煮了全家吃一下就当过生日了。但成都文艺界的朋友们却一定要为他庆祝。叶圣陶再三婉拒,陈白尘登门劝说道:"近来国民党当局对人民团体集会卡得更严了,文协正要找个机会显示一下文艺界的团结,您是文艺界、教育界的老前辈,一向受青年尊敬,就由文协发起庆祝会吧。"陈白尘口中的"文协"指的是"中华全国文艺界抗敌协会",该会在1939年1月成立成都分会,由居住在成都的作家李劼人、陈翔鹤、罗念生,抗战后回到成都的川籍作家沙汀、何其芳以及由外地移居成都的作家肖军、陈白尘等四十多位作家组成。叶圣陶于1942年3月当选为分会第四届理事,由于他在文坛的资历和影响力很大,很快就成为分会的重心。

11月15日,文协在新南门外江上村竟成园餐厅举行了庆祝会。参加者每位交份金150元,"自己掏腰包"向叶圣陶先生"敬一杯",祝他"永远愉快,永远健康,永远跟青年在一起"。陈白尘、陈翔鹤、叶丁易、刘海粟、应云卫、李劫人、杨村彬、瞿白音、陶雄、耿震、刘开渠等56人到会,胡墨林带着至诚和至美,兴致勃勃地跟叶圣陶一同前往。大堂上点了寿烛,挂上"寿"字,摆上了寿糕、寿盒和长生果。在祝寿会上,人们向叶圣陶致贺词、祝寿词,报告了叶圣陶致力于文艺活动和社会活动数十年的历史。接下来,叶圣陶致答词,随后奏乐,入席吃寿面。宴罢,程丽娜女士唱京剧祝贺,并摄影纪念。会后,陈白尘主编的《华西日报》副刊和《华西晚报》还发表了不少祝贺文章。

茅盾在《祝圣陶五十寿》中说:"圣陶对于中国新文学的光辉的贡献,海内早有公论,绝不因我的赞美而加重;我们二十多年的交谊,使我从圣陶的'为人'与其作品看到了最重要的一点,即两者的统一与调和。作品乃人格之表现:

这句话于圣陶而益信。凡是认识他的朋友们都不能不感到,和圣陶相处时,虽然他无一语,可是令人消释鄙俗之心,读他的作品亦然。……才华焕发,规模阔大,有胜于圣陶的,但圣陶的朴素谨严的作风,及其敦厚诚挚的情感,自有不可及处。"①

叶圣陶感谢朋友的盛情,12月10日他写了篇短文《答复朋友们》,说:"朋友厚爱我,宽容我,使我感激;又夸张地奖许我,使我羞愧,想到这无非要我好,也还是感激。……宽容和奖许,'人情真足惜'啊!在这样温暖的人情中,我更没有理由不打算加紧补习。"②

---

① 刘增人、冯光廉编:《叶圣陶研究资料(上)》,北京:知识产权出版社,2010年,第110页。

② 叶圣陶著:《答复朋友们》,《叶圣陶集》第6卷,江苏:江苏教育出版社,2004年,第40页。

第七章
东归沪上

为台湾回归编教材

1945年8月10日傍晚,成都天色还有亮光。街头上忽然人声鼎沸,夹杂着欢呼声、锣鼓声和爆竹声。日本投降了!原来,无线电广播刚刚播放了日本投降的消息。在14年的艰苦抗战中,苦苦挣扎的中国人民一下子得到了胜利的喜讯,怎能不兴奋狂欢!人们举着火把在夜晚中游行,欢庆胜利的到来。

叶圣陶的内心自然也是激动不已的。一个月前,叶圣陶刚刚复刊了抗战前很受欢迎的《新少年》,由于市面上已经有其他书店出版的《新少年》月刊,所以复刊后改名为《开明少年》。他在《发刊辞》中写道:

在今后的我国，在今后的世界，做人必须做个全新的人。怎么叫作全新，说起来可以有很多话，但是，"开明"两个字可以包括了。开是开通，明是明白。侵略人家，欺侮人家，妨碍人家的自由，剥夺人家的幸福，就是不开通、不明白。这样的人无论如何要不得，由他治理一地的事，便是一地的祸患；由他治理一国的事，便是一国的甚至世界的灾难。协和人家，帮助人家，尊重人家的自由，顾全人家的幸福，就是开通、明白。这样的人遍于一地，便是一地的康乐；遍于一国，便是一国的荣华。现在人们自己勉励，互相勉励的就是做这样的人——开明的人。读者诸君是少年，我们愿意诸君个个做开明的少年。

"侵略人家"的人终于投降了，叶圣陶赶紧让已经进入开明书店帮助编辑《开明少年》的叶至善在刊物上介绍杜甫的《闻官军收河南河北》，自己却在"喜欲狂"之后，逐渐冷静下来产生羞愧之感。他羞愧的是，自己不曾为争取胜利尽多大力气，付出物质上的支持；羞愧的是中国虽然获得抗战的胜利，但中国的胜利是付出巨大代价的"惨胜"；还羞愧国内政治并不理想，国民党的统治乌烟瘴气。没过几天,一位音乐教员来看叶圣陶,说:"如今胜利了,集会的时候大家想唱些歌,不如我谱曲,您来写歌词吧。"叶圣陶的回答是:"未必有成。"这种心态反映了在国民党统治区的"大后方",许多知识分子的复杂心情。在此之前,画家丁聪曾画了一幅《现象图》,揭露国民党统治下的种种丑恶现象,他请叶圣陶随便写些什么,叶圣陶用楷书写了一首《踏莎行》:

> 现象如斯,人间何世!两峰"鬼趣"从新制。莫言嬉笑入丹青,须知中有伤心涕。无耻荒淫,有为惕厉,并存此土殊根蒂。愿君更画半边儿,笔端佳气如初霁。

"无耻荒淫",说的是国民党的统治,"有为惕厉",指的是在共产党领导下的解放区,两者相差天地。抗战中,叶圣陶在对国民党日渐失望的同时,对共产党有了更多的期待,甚至有过安排小儿子去延安的想法。

当时,国民党政府发动知识青年从军,发起的口号非常响亮——"一寸山河一寸血,十万青年十万军",许多青年由此纷纷应召。叶至诚的同学就加入了远征军,至诚受到感染也产生了投军的念头。叶圣陶不反对儿子报效祖国，但反对他参加国民党的军队，希望至诚要去就去延安。当时茅盾的两个孩子也在延安，于是叶圣陶托身在重庆的茅盾帮助联系，茅盾的回复是："远游可成事实，其期速则一月，迟则两月，嘱准备行李，以俟通知。"当时，重庆《新民报》记者赵超构访问延安后写的《延安一月》正风行市面，叶圣陶手头刚好有一本作者赠送的用浏阳纸精良印刷的书，便将其送给至诚作为远游的纪念。虽然后来至诚因故没去成延安，但叶圣陶的政治趋向已经非常明朗了。

对国民党的失望，不意味着叶圣陶对国家之事不尽力。8月下旬，设在重庆的"开明总管理处"来电，让叶圣陶前往商讨编写供台湾应急使用的教科书。抗战胜利，中国将收回自甲午战败被日本割让的台湾，自然要废除殖民时代的课本，使用新课本。国民政府任命的台湾行政长官陈仪将于10月赴台，计划携带新课本的稿子前往，一上任就投入学校使用，半年后再改用另行编写的正式课本。

急需的教材是国语和历史两科，叶圣陶和几位朋友商量后决定先编小学国语两册，初中国语一册，中小学历史各一册。国语的三本书，由叶圣陶和丁晓先编写，小学历史由傅彬然编写，中学历史由金子敦编写，一个月内完成。编写的时间非常紧张，大家都说就让至善来帮忙编国语教材吧。这样，叶家父子齐上阵。

叶圣陶和丁晓先商量，决定由丁晓先编写小学两册的初稿，至善编写初中一册的初稿和全部三册练习的初稿，最后由叶圣陶统稿修订。这是至善第一次编写教材，不敢大意，他把借来的辞典和参考资料全摊在床上，坐在床沿上写稿，晚上睡觉时再把材料搬上书桌。

10月18日，稿子才完成一半，可赴台的官员后天出发，要先把这一半带去应急。叶圣陶只好连夜改写稿子，再由胡墨林连夜誊写，这样次日交了稿，赶上了去台湾的飞机。至善写到11月8日才全部完成，叶圣陶看了稿子，把批语写在日记上："虽颇草草，内容不坏。"

这天晚上，父子二人在家里对饮，庆祝完成了这项应急的国家任务。

乘着木船出川

抗战胜利了，离乡八载的叶圣陶一家终于可

以东归了。趁着到重庆编写台湾教材的便,叶圣陶将家从成都搬到重庆,为年底返程做准备。需要复员的各地开明书店员工也陆续向重庆集中,加入东归的队伍。

当时因躲避战乱西迁的人们纷纷从重庆等大后方复员返程,交通一下子陷入混乱,全靠各人的神通了。富商大贾,政府官员,有钱有办法坐飞机回京沪;稍差一些的,也坐轮船、汽车回去了;而开明书店这支50多人的复员队伍,选择的交通方式是坐木船。要知道那时坐木船东下是很危险的。从重庆到汉口,是下水行船,水流湍急,一路上有数不尽的暗礁和险滩,还常有盗匪出没,到处都有凶险。可复员人数太多,叶圣陶等人只好冒险了。

1945年12月25日,叶圣陶扶老携幼,率全家七口人登上了木船。船一大一小,是开明书店雇的,同行中年纪最大的是叶圣陶年过八十的老母,最小的是章锡琛的孙子、王伯祥的外孙章建昌,才出生一个多月。船在临江门码头停靠了三个晚上,于28日中午解缆出发。

船行第四天,正是元旦,刚过酆都就出现了险情,"有礁石与岸平行,激起水波甚急。舟子奋力划桨,舵手谨慎把舵,须使船勿近其处。一时邪许声大作,情绪紧张。"原来到了险要之地——"铁门槛",直到十几分钟后,船安然度过,大家才松了一口气。这样的险滩在航道上并不少见,然而更让人担心的是还有人们口中的匪患。1月5日过兴隆滩时,"水势至急,波浪激荡,一时诸人情绪紧张。"又有人告诉他们,这里常有强盗船出没,就在昨天,就有行舟遭劫。听得大家惊恐不安。

有惊无险之后,船还是出事了。过云阳时,雇的其中一条船与军粮船相撞,船舷上有一块板受损使得后舱进水。而那里,正是叶圣陶父子放书的地方。装船时,叶圣陶和叶至诚将几千册藏书合装在三个竹篓里,然后放在船后舱的舱板下。而叶圣陶一家乘坐的这条船在停泊时也折坏了前端的大棹,只好就地修整,修好后继续前行。

1月9日停泊碚石,因为船长的过失,那条被军粮船撞过的船在靠岸时又两次触到岸旁礁石,这下水漏得更多了,大家都去抢救行李与货物。叶圣陶父子的书有三四包完全湿透,其他的书也大多浸湿。唯一庆幸的是船在靠岸时触礁,若是在江中心发生这样的事故,后果不堪设想。

第二天一早,大家发现失事的船长居然逃跑了,看来他也知道自己闯祸了。船主找来木匠,用棉絮塞住破洞,钉上木板,涂上米饭,又用竹丝嵌入,总算把船补好,继续航行。为了安全起见,原来坐这条船的人都转移到另一条船,这下大家倒是都"团聚"了。

1月12日船过新滩,这是有名的险滩。新滩分三截,第一截最汹涌,礁石拦于江中,水自高而下,有如瀑布,船长不敢驾驶,请了当地舵工驾驶,乘客则要登岸步行。叶圣陶为老母亲和夫人雇了滑竿,又请一个十多岁的当地少年驮着孙子三午,自己与其他人沿着岸边石路而行。

两天后,船到达宜昌,险象丛生的长江三峡总算过去了,大家都松了一口气。随后,那艘装货的破船也到了宜昌,押货的人告诉叶圣陶,他们经过新滩时,亲眼看见两只船沉没,快到三斗坪时又见一只船沉没,人落在水里,无人救援。叶圣陶听了直感到后怕,他虽做好了冒险的准备,但确实不知道川江行船如此凶险,如果再给他一次选择的机会,他断然不会再坐木船。

1月15日那天,天气晴朗,叶圣陶和叶至诚打开受潮的书簏,晒在舱板及篷顶上。叶圣陶的书有半数以上属报纸本,虽然受潮损失不小,但不如至诚的书损失那样惨重。至诚的藏书,十之八九是土纸本,吸水能力特别强。至诚把它们一本本摊开晾晒,为了不让书晾干结成硬块,他就一页稍微干了就翻开下一页,全晾干了再抚平。对于那些晒干了仍然无法看的书,至诚于心不甘,许下诺言——今后要重新买过。回到上海后,他给那些暴晒后还能看的书包上浅灰蓝色的封面纸,由父亲叶圣陶用小楷工工整整地在封面和书脊上写上书名,权当这次旅途的纪念了。

从宜昌到汉口,不用船长再操心驾驶了,木船由轮船拖带东行。在城陵矶头,叶圣陶登岸,第一次看到了日本俘虏。同行的人用英语询问日本军国主义如何,日本兵说天皇好,军阀不好,中日为兄弟,今天得以收留十分感恩,等等。叶圣陶想到这些日本兵在中国的暴行,如今却一改往日之态,并不信然,只是日本兵身体壮硕,在我国士兵之上,这点让他感慨良多。

到了汉口,东归的航程完成了一半,也是完成了最艰难的部分。汉口是交通要道,四通八方,同行的队伍在这里分散。单身的年轻人各找门路,争取早走。剩下的包括叶圣陶在内拖家带口的还有二十多人则继续结伴东行。大家听说有一艘货轮"风茂号"要去上海，可以搭客，便租下它。2月3日，这艘内燃机货轮出发，速度果然不是木船所能比的，一路过九江、安庆、芜湖、南京、镇江，最后到上海吴淞口。到达吴淞口是2月8日晚上六点一刻，黄浦江是六点封港，归心似箭的一行人只好又打开铺盖在船上过了一夜，第二天一早才进港。

叶圣陶一家此次东归，从1945年12月28日于重庆出发，到1946年2月9日回到上海，历时整整44天；而若从1937年离开苏州老家算起，已9年矣。人生长长的一段就这样在漂泊中度过了。叶圣陶一家的艰辛与坎坷是那个动荡时代的写照。幸运的是，他们一家平安地回到上海和亲友团聚了。

开明书店二十年

叶圣陶回到上海的第二天就去了位于福州路上的开明书店。

抗战前，开明书店的店面是比较气派的，朝南三开间，而如今只有一间了。总管理处、编辑部、栈房都挤在店面旁弄堂内的一幢三层楼里。

底层做栈房，经理室和图书馆在三层，其他的人都在二楼办公。虽然人多屋窄，但开明人的工作态度和热情并不减，严谨、笃实的作风犹存，出版界津津乐道的"开明风"仍在发扬之中。1946年5月，叶圣陶在为开明同人组织"明社"撰写的"社歌"中，对"开明风"做过精辟的描述："开明风，开明风，好处在稳重，所惜太从容，处常绰有余，应变有时穷。我们要互助、合作，加强阵容；敏捷、活泼，增进事功。开明风，开明风，创造新的开明风。"[1]

正因为有这样的作风，开明书店的出版物质量可靠，在读者中享有很高的信誉，影响了整整一代青年。叶圣陶等开明元老为书店立了很多规矩，其中有一条就是五种书不能出：一、礼拜六派[2]的小说不出；二、武侠小说不出；三、以应付升学考试为目的的升学指南、辅导教材、复习题、解答题之类的书籍不出；四、速成法之类的书不出；五、描写辞典不出。这意味着开明不是

---

[1] 叶圣陶著：《开明风》，《叶圣陶集》第8卷，江苏：江苏教育出版社，2004年，第115页。

[2] 礼拜六派：出现于民国初年的文学流派。是"鸳鸯蝴蝶派"的余波。

简单地以市场畅销为导向,它对出版有自己的理想和追求。

为了保证质量,叶圣陶也"得罪"过朋友,甚至对一些名人"不给面子"。1941年叶圣陶在成都编《文史教学》杂志时,有人交来一篇著名历史学家顾颉刚的文章。顾颉刚是叶圣陶的老朋友,可他却不讲情面,对这篇"太专业"的文章做了退稿处理。还有一次,叶圣陶组织编写教科书时,指出书中一处错误,那位身为专家的作者不肯改,他就不客气地抽掉。他说:"做编辑工作,一定要把握取舍的标准,最怕的是以作者的地位名望为标准。"

为了避免和消灭差错,叶圣陶很强调文稿的字迹要清楚。他说:"我们写稿编稿,是写给排字工人看的。字迹不清楚,就会增加排字工人的负担,增加出错率。归根结底是对读者不负责任。"他认为,字迹清楚是一个编辑应当养成的良好的职业习惯。他编稿时,对原稿上写得不够清楚的字总要用红笔代为描正。哪怕一个标点,也要把它描清楚。遇到比较潦草的稿子,还会自己动手誊抄一遍。秦牧的第一本作品集《秦牧杂文》由叶圣陶审定编发时,就是叶圣陶亲手代作者抄过的,事后秦牧非常感动。

有些编辑认为校对没有什么技术含量,但叶圣陶却非常重视校对工作。青年人进开明书店当练习生,都是从校对开始,用以培养其一丝不苟的作风,之后再从中选拔编辑人员。他认为,校对是一种认真的习惯,好编辑首先要是好校对。他自己就是这么做的,凡是他经手编发的书稿,他都要亲自看校样。有一次《中学生》杂志出版后,大家把给作者的赠书一本本卷好正要寄出时,发现了一个错字,叶圣陶马上叫停,让大家一卷卷拆开,把错字改正再重新卷寄。所以开明的出版物一向以绝少错字著称,并非偶然。

1946年是开明书店创办的第二十个年头,庆祝活动年前就在重庆开始筹备,重头是出版一本文史方面的论文集。开明书店请了9位有名望的学者来写,叶圣陶为这本论文集写了序。他说:"纪念创建十周年,开明出版了短篇小说集《十年》,作品都是特地邀请当代作家写的,也为了纪念开明在新文学运动中的贡献,这一回以学术论文集来纪念创建二十周年,一则是开明擅长此方面,二则因为抗战以来,由于大家知道的原因,学报和学术论文集刊很少见到了,想提个醒,让大家改变这个现象。"

开明的二十周年纪念会在10月10日召开,会上,范洗人致开会词。章雪村对开明这些年来在内地和上海的经营做了简要的报告。来宾马叙伦、吴觉农、茅盾、朱季华等讲了话。马叙伦总结了开明的特色:开明的规模不及其他各大书店,之所以能得此称誉,是因为开明对于所出版的书从不马虎,不是只讲营利的商店,而且开明的编辑,都是切实治学的。茅盾的发言使开明同人深受鼓舞,他说:"斗争需要一些人赤膊上阵,也需要有些人有点保护色,不要赤膊上阵。斗争不赤膊上阵也可以。"叶圣陶代表开明以"有所爱,有所恨,有所为,有所不为"为主旨致答谢词。所谓有所爱,就是爱真理;有所恨,因为无恨则爱不坚,恨的是反真理;有所为,即合乎真理的才做;有所不为,即反真理的就不做。

主宾发言后,大家摄影并聚餐。当时参加聚会的人都带了礼物,汇集在一起抽奖。叶圣陶摸中的是玻璃镇纸,不知道算不算大奖呢?第二天,开明书店以"明社"的名义,组织全体同人带着家眷去无锡旅游。

其实,对开明书店来说,这次组织旅游不仅

是规模空前的,也是不可再现的。抗战胜利后的出版业面临比抗战时更大的困难,一方面物价急剧上涨,运输阻滞,出版的成本大大增加;另一方面生活资料的匮乏使得书籍成为一般人不敢问津的奢侈品,以致良好的编辑方针和出版计划纷纷落空。在风雨飘摇的时代中,叶圣陶和开明书店奋力地维持着这叶小舟,等待着曙光。

为朱德总司令醉酒

叶圣陶东归沪上,除了继续投入在开明书店的工作外,还在全国文协担任了重要职务。抗战胜利后,中华全国文艺界抗敌协会删去了"抗敌"两个字,简称"文协",并将总会会址由重庆迁到上海。1946年2月24日,文协上海分会召开理事会议,在上海的总理事会成员也出席了会议。会上,文协总务部主任老舍做了工作报告后,宣布自己将和曹禺共同访美一年,经研究决定这期间由叶圣陶接替他的工作。就这样,叶圣陶出任文协总务部主任,在繁忙的工作中又承担了更重的责任。

1946年9月,中华全国木刻协会在上海举办木刻展览会,陈列的作品有数千幅。为了给木刻展览会宣传造势,在文协总会的统筹下,中华全国木刻协会从中选编出100幅作品印成画册,委托开明书店赶在展览会开幕日之前出版。展览品中一部分来自陕北和各根据地,另一部分则反映了蒋管区和沦陷区的困难生活,这很符合叶圣陶趋向民主进步的心意。他亲自担任责编,花了两个月时间编印出抗战木刻作品选集。

这本画册汇集了野夫、陈烟桥、夏风、李桦、王琦等七十多位木刻家的作品,叶圣陶还专门为其作序。这些作品无论是形式还是内容,在当时都称得上是佳作。为了缅怀鲁迅先生对新兴木刻的巨大贡献,画册的扉页上印有红色的中英文字:谨以此书纪念木刻导师鲁迅先生逝世十周年。虽然木刻艺术在中国有着悠久的历史,但自从西方石印制版术传入后,传统的雕版印刷术以及由它派生出来的木刻版画日益没落,直到鲁迅借助西方木刻艺术才重新激发起了我国新兴木刻的艺术活力。1929年,鲁迅印行了《近代木刻选集》(1、2两册),将西方的木刻介绍到中国。1930年,叶圣陶在上海开办木刻讲习所,普及木刻知识和木刻技法,为新兴版画运动的发展培训人才骨干,播下火种。讲习会结束以后,我国新兴木刻运动首先在上海出现了第一个高潮，木刻社团和木刻创作频频涌现。版画大师赵延年先生曾说："鲁迅先生是中国新兴版画的母亲。叶圣陶为此书倾尽心力，也表示了对鲁迅的致敬和纪念。"

对鲁迅的致敬，是叶圣陶政治进步的表现之一。作为文协的领导，叶圣陶在政治上的倾向有重要的风向标价值，国民党当局也试图拉拢他。1946年10月31日是蒋介石的六十寿辰。此前叶圣陶接到参加寿辰的请柬，但他并没有赴会。叶圣陶在当天日记中写道："今日为蒋氏之六十寿辰，各报一片祝寿声，有用'万寿无疆'之语者。前此数日，见章行严撰一寿序，全以蒋拟帝王。又见戴季陶所作《天下归顺歌》，举古圣贤标德义之目悉数归之。士之无耻，有如是者。"

11月30日，在上海的中共办事处邀请各界民主人士参加酒会，祝贺解放军总司令朱德六十大寿。这一次，叶圣陶欣然前往，还特地作诗祝寿：

止戈为武古之训，乃役于人耶墨心。

六十生涯冀革命，愿缘公义祝长春。

那天，与会者六七十人，大多是叶圣陶认识

的熟人。酒是白兰地，易于上口，后劲很大，大家互相干杯，酒量一向不错的叶圣陶喝醉了。中共办事处的工作人员开车将醉酒的叶圣陶送回福州路开明书店。下车时，叶圣陶倚靠在旁人的肩上，还一遍又一遍地喊着："我们大家为朱德将军干杯，祝他健康！"

大家簇拥着把叶圣陶扶上楼，放在编辑部外间会客室的长沙发上，七手八脚地递来热毛巾，端来热茶。叶圣陶嘴里"呜噜呜噜"不停地说，然后突然哭了起来。叶圣陶年轻时也曾醉酒哭过。那时他刚从言子庙小学离职，友人来信介绍了另外一份教师的工作，他并不想去，可父亲和叔父却坚持要他答应，恰巧叶圣陶喝醉酒回家，结果就哭了。酒精松懈了理性对自我的管控，一向沉稳的叶圣陶这次又流泪了。

儿子至善赶忙上街买了一颗安眠药，叶圣陶服下，沉沉睡去。下午4点左右，满子带6岁的三午上街买东西，顺道来编辑部转一转。叶圣陶从迷迷糊糊中醒来，看见孙子三午，招手让他来到身边，并从口袋里掏出一个大苹果，说："看，这是烟台来的苹果。烟台，你可晓得那里是什么地方？"当时，烟台已经被共产党解放，这个苹果是叶圣陶特意从酒会带回来给孙子的。他把苹果塞在三午手里,却又关照三午不要吃。过了一会儿,又说:"我们为朱德总司令庆祝六十岁生日,你可知道,为什么我们要给朱德将军祝寿?为什么不给蒋介石祝寿?……"他含含糊糊,反反复复地说着说着,又沉沉睡去。

晚上6时,明社开大会为书店年轻的职员结婚致贺,叶圣陶原本是要当主婚人的,这下却醒不过来了,只好由胡墨林做代表,在明社发的结婚证书上盖了印章。叶圣陶为什么会醉酒至此?这只有他自己才能说清。我们可以想到的是漂泊流离大半辈子、在希望与幻灭之间徘徊的叶圣陶,在这一醉一哭中更加坚定了自己的政治追求。

涓泉归海赴北平

随着解放战争的推进,共产党逐渐取得越来越明显的优势。日益恐慌的国民党开始大规模逮捕爱国民主人士,叶圣陶也上了国民党当局的黑名单。这时共产党决定邀请叶圣陶离开上海,转道香港去解放区,参加新政协,主持出版方面的工作。

1949年1月7日,叶圣陶和夫人胡墨林悄悄地从华盛码头乘上"水生轮",经台湾基隆,于1

月11日到达香港。这段时间正是淮海战役的尾声,叶圣陶一到香港就得知解放军获胜,一举占领长江以北大片土地并直指南京。当时,已经有许多民主人士和文化界的知名人士接受共产党的邀请,聚集在香港,准备转道去解放区。

在香港停留两个多月后,叶圣陶动身从香港乘船去解放区,同行北上的有二十多人,包括民主人士柳亚子、陈叔通、马寅初、俞寰澄、张纲伯等,还有文化界郑振铎、宋云彬、傅彬然、曹禺等老朋友。

从1948年夏末开始,中国共产党陆续从香港接回民主人士和文化界人士。当时,国共双方仍处于对峙状况,沿海城市大都在国民党手中,海域也都在国民党军舰控制下。这样如何从香港接人呢?党组织想到一个办法——租赁外国轮船。先租的是苏联的波尔塔瓦号客轮,由于挂的是苏联旗帜,国民党巡航的飞机不敢轻易扔炸弹。就这样,第一批接来了沈钧儒、谭平山、蔡廷锴、章伯钧等人。第二次,波尔塔瓦号因撞船搁浅,换成一艘挂着葡萄牙旗的轮船,接来了郭沫若、马叙伦、许广平、周海婴、陈其尤、沙千里等人。第三次则是来接叶圣陶这批人士了,这也是历次载运北上人士最多的一次。

之前走了两批人,已经引起特务的觉察,他们在码头、船路加紧盘查,情势一下子变得危险。于是叶圣陶等人乔装打扮,冒充船员登轮。傅云彬装成庶务员,叶圣陶和曹禺则假扮管舱员。地下党的同志还特意交代大家遇到盘问如何应对。

2月28日中午,轮船起航。船上的民主人士、文化名人大多年过半百,可是兴奋的心情却还像青年人。因为大家明白,中国即将出现一个崭新的局面,而这次航海绝非寻常的旅行,而是去参与一项伟大的工作。他们"老夫聊发少年狂",每天晚上都开晚会,亦庄亦谐,讨论与娱乐相融。

3月1日晚饭后,举行了第一次晚会。"包达老谈蒋介石琐事,曹禺唱《李陵碑》《打渔杀家》,邓小姐唱《贵妃醉酒》,张季龙唱青衣,徐铸成唱老生,余皆不知其何戏。全衡与郑小姐唱民歌。"[1] 轮到叶圣陶出节目了,大家要听叶圣陶

---

[1] 叶圣陶著:《北游日记》,《叶圣陶集》第22卷,江苏:江苏教育出版社,2004年,第28页。

说笑话,叶圣陶说:"我不会说笑话,给大家出个谜语代替吧。谜面就是我们一批人乘这艘轮船赶路,谜底为《庄子》中的一个篇名。"大家猜来猜去,最后宋云彬猜中了——是《知北游》。"知"指的就是他们一群知识分子。宋云彬笑着对叶圣陶说:"猜中要有奖品啊!我别的不要,就要你作诗一首。"

晚会结束后,叶圣陶回到船舱,想起宋云彬要的奖品,便深夜起身,做成七律《自香港北上呈同舟诸公》:

> 南运经时又北游,最欣同气与同舟。
> 翻身民众开新史,立国规模俟共谋。
> 篑土为山宁肯后,涓泉归海复何求。
> 不贤识小原其分,言志奚须故自羞。

诗的意思是:这次离开上海南下,又自香港北上,最可欣庆的是同船的伙伴都是同声相应、同气相求的朋友。在建立新中国的宏大事业中,自己像背一筐土去参与堆山似的,怎能落在别人后面呢?我们就像小溪一样流归大海,真是再高兴不过了。但又担心自己才低识浅,不能胜任这项伟大的工作。不怕难为情,谨把自己的志向告诉大家。

在 3 月 2 日的晚会上,陈叔通、柳亚子等老先生笑谈民国掌故,高兴处大家纷纷唱歌。叶圣陶与宋云彬合唱《天淡云闲》,这对叶圣陶来说真是"破天荒","自然不合腔拍"。最后大家想一起合唱,想来想去,似乎只有《义勇军进行曲》最合适,也最能代表当时的心情。他们当然不曾料到,半年以后这首歌被定为新中国国歌。

轮船航行了五天,于 3 月 5 日到达了烟台。按照原来的计划,航船是要载着民主人士到东北解放区,在那里召开新政协会议。但战事顺利,捷报频传,形势发展之快连共产党都不曾预料。到第四批接来黄炎培等人就是由天津上岸了。那时天津已经解放,开新政协会的地点由哈尔滨往南移到了北平。

在烟台市,叶圣陶等人受到徐中天市长和驻地解放军贾参谋长的热烈欢迎。叶圣陶对这两位共产党干部的印象很好,认为他们态度极自然,没有官僚气。3 月 6 日,华东军区又派郭子化和匡亚明等人来烟台迎接他们。其中匡亚明是叶圣陶从前在上海景云里的邻居,也是文化人,现在在部队中做宣传工作。叶圣陶作为一位教育家,对解放区的教育经验颇为赞赏。3月7日,他在莱阳三李庄遇见一个叫姜汝的青年。这位25岁的青年人虽然只小学毕业,但从事青年工作已经快十年了,谈吐很有见地。叶圣陶由此想到共产党从生活中教育人,实在是尽得教育的精髓,"他日当将此意吸收之"。3月8日过莱阳,叶圣陶受邀在当地庆祝"三八"国际妇女节大会上致辞,讲了国统区妇女的状况。3月10日,他们到了青州市,又受到党政军方面的热烈欢迎。3月11日,在华东党政军机关召开的欢迎大会上,叶圣陶发表演讲说:"来解放区后,始见具有伟大力量的人民,始见尽职奉公之军人与官吏。其所以致此,则由此次解放战争实为最大规模之教育功课,所有之人皆从其中改变气质,翻过身来,获得新的人生观也。"

3月18日,叶圣陶一行终于到达北平。一场宏大、壮丽的事业正等待着他去开拓。

第八章
新中国文教事业的奠基人

主持教科书编写的"国家队"

1949年3月25日,中共中央迁至北平。叶圣陶和各界知名人士一起驱车前往西郊机场欢迎毛泽东主席和周恩来副主席。

下午五点左右,毛泽东一行到达,军乐与口号齐作。不知这时的叶圣陶有没有想起,四年前读毛泽东《在延安文艺座谈会上的讲话》后的感慨:"觉其以文艺为教育工具,自其立场言,实至有道理。"① 部分领导同志与大家握手,其中只有周恩来是"旧相识"。也是四年前,叶圣陶第

---

①叶圣陶著:《西行日记(下)》,《叶圣陶集》第20卷,江苏:江苏教育出版社,2004年,第367页。

一次见到周恩来时，就被他的气度所感染。"闻周之名已久，见面尚是初次。其人有英爽之气，颇不凡俗。"①

共产党对叶圣陶的工作早有安排。4月8日，叶圣陶出任华北人民政府教育部教科书编审委员会主任。华北人民政府教育部教科书编审委员会是作为中央政府的教科书编审机构而成立的，这意味着叶圣陶将成为新政权教科书建设工作的领导者。

面临一日千里的革命进程，叶圣陶主持的教材编写工作更要跟进，以适应时局的发展。数理化等课本还好，稍加修改就可以使用。可是语文和政治课本，必须根据新的形势，革旧出新，体现新政权的气象。4月21日，人民解放军发布向全国进军的命令，百万大军横渡长江，新中国的图景已经非常明朗了。叶圣陶在教科书编审委员会的会议上激励大家抓紧时间，加快编写教材，他喊出了一句豪言壮语："解放军打到哪里，教科书就送到哪里！"在叶圣陶的主持下，教科书

---

① 叶圣陶著：《西行日记（下）》，《叶圣陶集》第20卷，江苏：江苏教育出版社，2004年，第465页。

编审委员会编写了《初级小学国语课本》《高级小学国语课本》《初级中学国文课本》《高级中学国文课本》《大学国文（现代文之部）》等课本，由新华书店和华北联合书店出版。新的大、中、小学课本是文教领域的"百万雄师"，在叶圣陶这位"总司令"的指挥下，也是"横渡长江"，"解放"全中国。

1949年8月至10月中旬，叶圣陶还主持拟定了《小学课程标准总纲草案》和《中学课程标准总纲草案》，以及《小学语文科课程标准》（草稿）和《中学语文科课程标准》（草案），对新政权的课程要求和教科书编写工作做出规划。其中由叶圣陶亲自拟写的《中学语文科课程标准》（草稿）首次在学科领域正式提出"语文"一名。以前，这门学科在小学叫"国语"，在中学叫"国文"。这主要是因为小学课文全部都是语体文，到了中学主要是文言文。叶圣陶提出改称"语文"既不是将"国语"和"国文"合称，也不是把"语言"和"文学"统并，这里的"语"指的是口语语言，"文"指的是书面语言，简单来说，口头说的是"语"，笔下写的是"文"。"语文"学科，就是培养学生两种基本能力：一是接受,即听别人说的话,读他人写的文章;二是表达,即说给别人听,写给别人看。集合"听、说、读、写"四字要义的"语文"既是对学科的科学定名,也是阐述这门学科的功能和目标。

1949年10月1日,叶圣陶一大清早就来到教科书编审委员会会所主持升旗典礼,庆祝新中国的诞生。下午两点半,叶圣陶和全体政协委员一起登上天安门城楼,见证了开国大典。随着新中国的成立,叶圣陶正式主持全国教材编写工作。

1949年10月20日,叶圣陶被新中国政务院(后改为国务院)任命为出版总署副署长兼编审局局长。1950年11月,教育部与出版总署成立教科书编审委员会,叶圣陶担任委员会主任。12月1日,人民教育出版社成立,叶圣陶任社长兼总编辑。1954年10月,叶圣陶担任教育部副部长,兼任人民教育出版社社长及总编辑。

人民教育出版社是新中国成立的专门负责全国中小学教材研究、编写和出版的机构。毛泽东主席不仅亲自为人教社题写了社名,还直接关心它的建设。在一次讨论教育工作的政治局会议上,毛主席十分关切地问起人民教育出版社有多少编辑？参加会的负责同志回答：三十个。毛主席立即指出：太少了，增加到三百人也不算多。毛主席指示教育部，宁可把别的摊子缩小点，必须抽调大批得力干部编出较好的教材。"仅从最高领导人亲自过问并批示充实人教社编辑队伍一事，即可体会到作为人教社社长兼总编辑的叶圣陶运筹新政权教科书编写工作时所面临的前所未有的广阔格局和重大责任。

1949年以前，叶圣陶编辑的教科书，如《开明国语课本》《开明国文讲义》《国文百八课》等，都属于语文学科范畴。1949年以后，叶圣陶的编辑领域向语文外的诸多学科扩展。"有人以为他只管语文，其实不然，数理化他也管，也参与定选题，改稿件，看校样，尤其是生物课本，花的力气不小。"[1]

叶圣陶对诸多学科教材都倾尽了自己的精力。他的日记里，留下了自己在忙碌的领导工作外修改历史、地理、生物、物理、自然、生理卫生等教科书的记录。从日记的记载来看，叶圣陶

---

[1] 叶至善著：《叶圣陶和编辑工作》，《我是编辑》，北京：中国少年儿童出版社，1998年，第387页。

审阅其他学科教材所花费的精力未见得比语文教材少。

这项工作赋予了叶圣陶承担新中国教科书奠基者的使命，而叶圣陶也在这个身份提供的平台上发展、丰富了自己的教科书编辑理念，使之更适应编写全国通用教科书的需要——确保其具有新政权的意识形态属性，同时在客观条件下最大程度地提高教科书编写的科学性和适用性。叶圣陶在人民教育出版社期间所主张的教科书编辑理念，为新中国教科书的编写和编辑工作提供了范例。作为教科书编写的"国家队"，人民教育出版社至今秉持着注重政治立场、重视实验调研、强调集体统稿和注意各学科衔接的优良的教科书编写编辑作风。

出版总署的副署长

1949年10月20日，叶圣陶被任命为出版总署副署长，署长是胡愈之，另一位副署长是周建人。

国家初创，百废待兴，出版行业更面临着分散、混乱、无法满足社会文化需求等问题。解放前，延安设有解放社（编译出版机构）和新华书店（发行机构），各解放区设有综合经营编辑、出版、印刷、发行的出版机构新华书店。随着解放进程的加速，新华书店的分支店发展很快，主观上解放哪里，分支店就开设到哪里。但由于干部和财力的限制，到1949年10月，全国只有分支店700处左右，仅三分之一的县市有店。不仅数量少，而且管理上也存在问题。以前各解放区是被分割的，解放区的出版机构的名称都是新华书店，但大区与大区之间，新华书店不相统属，甚至在一个城市内，会有两个各自独立的新华书店，这样就无法形成一个高效率的系统。在编辑出版方面，也不可避免地发生无计划、无组织、重复浪费、版本杂乱、质量不高等现象。

叶圣陶和总署同事首先做的就是统一各地新华书店，实行出版分工专业化。1950年3月，出版总署呈报政务院文化教育委员会批准后公布《关于统一全国新华书店的决定》，重点解决新华书店的统一领导的问题。1950年8月，出版总署召开全国新华书店第二届工作会议，做出了关于全国新华书店统一分工和专业化，建立人民出版社，确定出版、印刷、发行三个专业部门的相互关系的决议，重点解决出版、印刷、发行实行分工的问题。新华书店按照统一的制度,实行全国统一领导、统一管理。之后的四年间,分支店发展到1700多家,百分之七八十的县市有了一定规模的书店。印刷生产能力经过调配,分布不匀的情况大大改善。同时,中央一级出版社和各省人民出版社纷纷建立起来,到1954年,中央一级出版社已达三十余家,包括人民教育出版社、人民出版社、人民文学出版社、人民美术出版社、科学出版社、财经出版社、外文出版社、民族出版社、青年出版社、工人出版社、农业出版社、通俗读物出版社等专业出版社。如今,中央一级出版社已远远超过此数,但其中至关重要的骨干性质的出版社,都是在那个时期建立起来的。

在创建专业出版社引领出版行业的同时,出版总署还大力开展对私营企业的整顿和改造。解放前,私营出版业占全国出版业主要地位,其中规模比较大的有商务印书馆、中华书局和开明书店。它们在国内各地设有许多分店,都有一个很成规模的编辑部,集中了许多编辑出版人才。从1949年开始,胡愈之、叶圣陶等人领导下的出版总署根据中共中央"出版工作需要统一集中"的指示对荣宝斋、开明、商务、中华等一大批私人出版企业进行了公私合营的改造。1950年8月，荣宝斋实行公私合营，合营后社名加上"新记"二字。同年10月，荣宝斋新记开业。1953年初收归国营，社名去掉"新记"二字。1953年6月，青年出版社与开明书店合营，成为中国青年出版社。私营商务印书馆于1954年一季度迁京。在5月13日由出版总署出资参股后，实行公私合营，一度并入高等教育出版社，1958年又从高等教育出版社分出，恢复独立建制。私营中华书局于1954年5月也由出版总署出资，改为公私合营，一度曾并入财政经济出版社，1958年又恢复独立建制。

为了促进出版行业健康长远的发展，叶圣陶以出版家的视野制订出版规划，建立健全行业规范。叶圣陶主持和参与制定了《出版物的计量单位与计算方法的规定》《关于征集图书、期刊样本暂行办法》《关于图书杂志版本记录的规定》等规定，完善了书籍出版管理制度，进一步保障作者著作权益，规范图书的进出口管理。他还积极推行书刊难字注音，将书刊文字改竖排为横行排版和印刷活字规格的标准化，并参与筹划建立中央书库和版本图书馆，创办《进步青年》《新华月报》等重要刊物，在《人民日报》开辟"图书评论"双周刊等。这一切都为新中国的出版事业奠定了良好的基础。

为语言的纯洁和健康而斗争

1950年11月22日，毛泽东给时任中央文化教育委员会秘书长胡乔木写信，指出当时写电报的四种缺点——用地支和韵目表示月、日；署名一般只写姓不写名；地名、机关名一般不写全；文句结构不合文法。他请胡乔木负责用中央名义起草一个指示，以便改正写电报的缺点。这封信从侧面反映了当时政府机关以及社会上语言文字运用混乱的现象。

1951年2月，中共中央发布《关于纠正电报、报告、指示、决定等文字缺点的指示》，叶圣陶认为这一指示十分及时。为了进一步宣传党的语言政策，使汉语规范化，他与胡乔木一起会面语言学家吕叔湘，请他在《人民日报》刊载谈文法的文章，供干部学习。1951年6月6日《人民日报》接受叶圣陶和胡乔木的建议，发表了题为《正确地使用祖国的语言，为语言的纯洁和健康而斗争》的社论，并从这天起，连载吕叔湘、朱德熙的《语法修辞讲话》。这是新中国成立后第一次开展的卓有成效的现代汉语书面语规范化工作，在全国产生深远而积极的影响。

《语法修辞讲话》分六讲：一、语法基础知识；二、词汇；三、虚字；四、结构；五、表达；六、标点。《语法修辞讲话》从1951年6月6日开始在《人民日报》刊登，每次刊出5000字左右，直到12月15日全稿刊登完毕，历时半年多。连载结束后，叶圣陶写了《从〈语法修辞讲话〉谈起》的文章，对《语法修辞讲话》做了中肯的评析，并从语法方面提出建设性意见。

1951年10月至1952年12月，《语法修辞讲话》的习题解答在《语文学习》上分期刊载，后来出版了《语法修辞正误练习》单行本。1952年开明书店陆续按讲次出版《语法修辞讲话》单行本，年底中国青年出版社推出全书。《语法修辞讲话》的发表，在全国掀起了语法修辞学习热潮，出现了汉语语法学空前蓬勃发展的局面。短短几年内，上百种语法著作面世；中学在语文课里教语法修辞，大学普遍开设现代汉语课程；社会上，机关、部队、文化单位，纷纷举办各种不同类型的语法修辞学习班。可以说《语法修辞讲话》对学术繁荣起到了积极作用，促进了祖国语言的健康发展，这正是以叶圣陶为代表的文教人士努力倡导和推动的结果。

为了"祖国语言的纯洁和健康"，叶圣陶于1951年7月受政务院委托，起草《标点符号用法》。以前的人们写文章不用标点，而让读者自己去断句，常常弄得文义不明，歧义迭出。比如清人赵恬养《增订解人颐新集》中"下雨天留客天留我不留"一句，根据不同的句读就有不同的意思。到近代，知识分子在原有断句法的基础上，吸收外国新式标点，初创了我国的标点符号。上海商务印书馆于1919年2月出版的胡适的《中国哲学史大纲》，是正式使用白话和新式标点写作的第一部"新书"。标点符号的使用，对白话文的推广起到很大的作用。但是在使用过程中，规范意识不强，使用不统一，也产生了不少问题。

叶圣陶总结前人经验撰写《标点符号用法》，将标点符号分成两类，一类是根据语言而来，一类是完全书面的东西，并把标点符号的用法和语言规律结合在一起，纠正了过去把标点当作文章附属品、不重视标点的意识，还规定了标点符号在排版、书写方面的格式。《标点符号用法》规

范了 14 种标点符号的用法，使我国标点符号系统更加充实、完善，对促进我国科学文化教育事业的发展产生了积极作用。我国几十年间的中小学教学和新闻出版物都是以叶圣陶当年定下的标点符号用法为标准的。叶圣陶自己也说过，《标准符号用法》是他做的最满意的一件工作。

此外，作为新中国文字改革方面的领导人之一，叶圣陶对《汉字简化方案》《汉语拼音方案》都做出了重要贡献。汉字笔形的整理工作就是由他完成的。他撰文指出：语法体系不一、术语分歧的现象虽不能用强迫命令"定于一"，但是希望能充分协商，先提出在教学上可能试用的纲领来。1955 年 10 月 15 日，全国文字改革会议开幕，叶圣陶任常务主席，会议做出推广普通话的决议。11 月初，他又提出整理铜字模、统一铅字笔形的意见，使出版界所用铅字保持一致。1958 年 2 月 9 日，全国古籍整理规划小组成立，叶圣陶担任领导小组成员。

从 20 世纪 50 年代开始，叶圣陶倾力于他的"编辑"老本行，为国家的重要文件把关。1954 年，叶圣陶作为宪法草稿的语文顾问，为宪法审稿修润。他在 3 月 8 日的日记中记录了审改宪法的细节：九时起仍与叔湘、胡绳斟酌条文。下午将九十余条研磨完毕。重又从头起读一遍，改去文言用法"之""以""其"等字。于国徽之形式，余之改语为"齿轮和麦穗稻穗环绕着五星照耀下的北京天安门"，自以为颇得意，不知大家讨论后结果如何。除了宪法，刘少奇的《关于宪法的报告（稿）》和周恩来的《政府工作报告（稿）》也都由叶圣陶修润完善。

1955年和1956年，他还参与审阅修润《小学生守则（稿）》《兵役法（稿）》《解放军军官服务条例（稿）》《一届二次人代会提案委员会审查报告（稿）》《文字改革委员会关于推广普通话的决议（稿）》《〈农业生产合作社章程〉草案》《汉语拼音方案草案》《国务院关于开展扫盲工作的决定和扫盲协会章程初稿》《高级农业生产合作社示范章程（稿）》等法规文件。当时出版的《斯大林全集》的译稿也经由叶圣陶修饰。

作为语言大家，叶圣陶为新中国的重要文件、法规、报刊社论保驾护航。胡乔木因此评价叶圣陶：对语文方面"不仅有独到的见解，而且有相当系统的研究"，"有叶老这样的榜样"，"又得力于毛主席的提倡与支持，语言规范化成为一种风气，有许多用法逐渐典范化了"。①

主持编写《新华字典》

作为新中国第一本语文工具书，也是我国第一部普及性的现代汉语规范字典——《新华字典》自20世纪50年代出版以来，多次修订重印，已累计出版发行4亿多册。它不仅是我国也是世界上发行量最大的辞书。说起这部字典，就不得不提到叶圣陶。

1950年5月23日，出版总署副署长叶圣陶写了一封信给北京大学校长汤用彤，希望调用该校中文系主任、语言学家魏建功到出版总署编审局来主持筹建新华辞书社，着手编写早有计议的《新华字典》。9月，新中国第一个国家级辞书编纂机构——新华辞书社正式成立，魏建功出任社长。12月，人民教育出版社成立后，辞书社转入人民教育出版社，改称人民教育出版社辞书编辑室，主要任务就是编写《新华字典》。

新华辞书社早期有魏建功、张克强、李九

---

① 胡乔木著：《在叶圣陶研究会成立会上的讲话》，《中国当代出版史料》第6卷，河南：大象出版社，1999年，第269、270页。

魁、李文生等人。之后萧家霖、孔凡均、杜子劲、朱冲涛、张遁芝、李伯纯、刘庆隆、王蕴明等陆续到来,到1951年初已有14个人了。作为出版总署副署长,叶圣陶是《新华字典》编写工作的领导者,作为人民教育出版社社长兼总编辑,他又是这部字典的终审者。

字典启动编写后,编写组成员根据《国音常用字汇》,每人分几个字母,按照各自的想法,分头进行编写。1951年夏,初稿编写完成。编写组从编写的初稿中选了一部分油印后送领导、专家、中小学教师和中等程度的干部审阅提意见。还分别召开了有专家、中小学教师、初中文化程度干部参加的座谈会。语言学家王力从广州来北京开会,还被单独邀请参加座谈。结合社内外意见,编写组发现初稿有不少问题,比较突出的是收字的宽严、注释的详略、举例的思想性都不一致,分歧很大;另外还有读者对象意识不明确,甚至有的词条思想性比较薄弱等问题。叶圣陶看过初稿,叹气道:"欲求成稿之完善,实甚难。"[1]

---

[1] 叶圣陶著:《出版总署的五年(上)》,《叶圣陶集》第22卷,江苏:江苏教育出版社,2004年,第341页。

经过讨论，大家认为初稿不能使用，于是开始重新编写。经过第一次编写不利的教训，这一次编写时注重顶层设计。先举行一系列业务会，重新拟定编写方针，制定编写原则，然后试写。1952年夏天，编写组内部将编写工作分为三个层次——初编、看稿、定稿。采取流水作业，平行进行。初编的人分成小组，每个人编的稿子由小组互审提意见，个人进行修改。然后交看稿人，看稿人根据编写细则的要求，进行审阅修改。然后交室领导定稿。初编用蓝墨水，看稿人修改用红墨水，定稿改动用绿墨水。经手的人都在稿子下边盖章，层次清楚，一目了然。这样做使得责任分明，有编有审，可以及时发现问题，及时改正。为了检验编写效果，大家想出一个办法：以最近的《工人日报》的一篇文章为例，摘出其中主要用词，检查字典是否都能解决。经过这样的检验，有遗漏的词或者解释不周的地方，再予以修订。

这次编写完成后，分送领导、专家、中小学教师和一部分读者进行审阅。油印稿同时发室内每人一份，一方面请大家提意见，一方面可以了解编审情况，便于互相学习，取长补短。油印稿意见收集差不多时，再次修改定稿。最后进行技术加工，检查体例，查对有关内容，平衡同类条目。1953年春完稿后，由叶圣陶终审，逐字改定，1953年7月6日正式发到印刷厂排字。一周后，叶圣陶亲自改定了魏建功、萧家霖写的《新华字典》宣传稿。

1953年7月17日和27日，经过两次讨论，定下了《新华字典》的排版格式。校样出来后，叶圣陶又通读审改一遍。8月22日，叶圣陶审读魏建功和萧家霖起草的检字表，仍然感到不完善，在与两位商量后做了修改。看过魏建功写的《新华字典》的《凡例》后，叶圣陶又改了十多处才定下来。

1953年12月，《新华字典》由人民教育出版社出版。出版后还有一些小插曲。《新华字典》第一版的正文是按注音字母音序排的，而书后的《笔形部首检字表》又是新的。字典在方言地区发行后，很快就收到了许多不会使用的意见。苏州新华书店首先来信反映了读者不会使用的情况，并说有的读者要求退书。听到反映意见后，编写组立即赶写了一份《笔形部首检字表》的补充说明，印成小册子随书赠送，买过书的也可以要，这才解决读者不会使用的困难。1954年第二版时，正文已改为按部首排列了。1957年，由于人民教育出版社教科书编写任务繁重，这部字典转到商务印书馆出版，一直延续到现在。

《新华字典》是新中国成立后出版的第一部以白话释义、用白话举例的字典，同时还是一部有特色的字典：一是规范。在汉字形、音、义乃至行文标点、附录等各方面都和国家的语文政策和最新标准保持一致。二是科学。每一个注解每一个释义都经过反复推敲，力求严密、准确、通俗，不仅中等文化程度的人可以使用，专家学者也可以做研究用。三是实用。不仅可以当字典查，在一定意义上还可以当词典用，而且便于检索，做到了"能说汉语，会正确发音，就能在这本字典里找到相应的字"的设想。

叶圣陶不仅主持编写并审阅《新华字典》，还审阅了《新华词典》《汉语词典》《现代汉语词典》《辞海》《辞源》等一大批工具书，为我国的辞书发展做出了重要贡献。今天，当我们翻阅这些工具书查找资料时，绝不能忘记叶圣陶等老一辈语言文字工作者的千秋功绩。

第九章
鞠躬尽瘁风范存

我呼吁

1976年,党中央粉碎"四人帮",历史翻开新的一页。年过八十的叶圣陶以"俯首甘为孺子牛"的精神,为文教界继续贡献自己的余热。他先后担任中小学语文教材顾问、全国中学语文教学研究会名誉会长、中国写作研究会名誉会长。20世纪80年代后,他又先后出任中央文史馆馆长、全国政协副主席、民进中央主席等职务。

1979年,《教育研究》杂志连续三期发表叶圣陶的《语文教育书简》,引起语文界的关注。《语文教育书简》是叶圣陶关于语文教育的论文集中的一部分书信。《教育研究》上刊登的便是向叶圣陶来信来访的语文教师们所写的36封信。前30封写于

20世纪60年代，后6封写于70年代，在为老师们解答疑难的同时，也表明了叶圣陶在教学方面的倡导——培养学生自我学习的能力。叶圣陶认为，教育的重点在"育"，也就是培养良好的习惯。各种学科的教学都一样，无非是教师帮着学生学习的过程，教学就是"教"学生"学"，重要的是把学习方法教给学生，学生就可以受用一辈子。在这个问题上，叶圣陶有一句名言被老师们奉为经典，那就是："教是为了达到不需要教。"

叶圣陶关于"教是为了达到不教"的思想在很多地方都得到体现。他曾应邀参加《我们爱科学》编辑部召开的座谈会，发言时他举起一本《我们爱科学》杂志说："你们看，这么薄薄的一本小册子，即使把它讲的内容全都吞下去，又能得到多少知识？如果它讲的知识很生动，很有启发性，使读者看了能对科学发生兴趣，并且能从这些文章里头学到好的方法，能举一反三，那这个作用可就大了。"

1980年4月，《教育研究》杂志编辑部召开"语文教学座谈会"，与会者结合叶圣陶的《语文教育书简》，讨论了改进中小学语文教学问题。其实，《教育研究》杂志上连载的《语文教育书简》只是叶圣陶所有语文教育书简中极少的一部分,还有难以计数的流散在各处。可以设想,当年老师们收到叶圣陶的回信,该受到多么珍贵的教诲,又该有怎样的惊喜和感动。

1980年11月18日,叶圣陶冒着严寒来到北京香山,与参加中学语文教材改革第二次座谈会的代表们见面。参加这次会议的还有王力、周有光、陈哲文、吴伯箫等老先生,大家都非常关心基础教育和教材编写工作。叶圣陶兴致勃勃地讲了一个多小时的话,他说:"我已经八十六岁了,'虽邻夕死,犹欲朝闻',希望能在有生之年看到中学语文教材有一个大的改革。"

1981年10月,中国青年出版社给叶圣陶寄送了第20期的《中国青年》杂志,请他对这一期的调查摘要《来自中学生的呼声》发表意见。叶圣陶的眼力已经非常差了,看不清字,就让家人念给他听,结果越听越难受——他没有想到如今片面追求高考升学率造成的负面影响居然如此严重。心情难以平复的叶圣陶连夜写下了《我呼吁》一文,向社会各界发出"中学生在高考的重压下已经喘不过气来了,解救他们已经是当前急不容缓的事,恳请大家切勿等闲视之"的呼吁。

11月26日,该文在《人民日报》发表,引起社会上强烈的共鸣。四天后,各家报纸登载了五届政协四次会议上政协委员赞成叶圣陶呼吁的报道。同一天,国务院总理在五届人大四次会议上做政府工作报告《当前的经济形势和今后经济建设的方针》,专门提到此事:"最近,叶圣陶代表发表了题为《我呼吁》的文章,批评了当前中学和一部分小学片面追求升学率的错误做法,词意恳切,表达了学生、教师、家长和广大人民群众的心声。希望有关方面认真注意这个问题,切实加以改正。"①

1984年,89岁高龄的叶圣陶来到北京西郊,出席中学语文教学研究会第三届年会。他再次发出呼吁:"要建设有中国特色的社会主义,要建设高度的社会主义物质文明和精神文明,语文课再这样下去行不行?不行!要改,非改革不可!"

可以说,不是对基础教育爱得如此深沉的人,怎能用尽暮年的心力,发出至今振聋发聩的喊声!

1980年7月23日,全国小学语文教学研究

---

①中共中央文献研究室编:《三中全会以来重要文献选编》,北京:中央文献出版社,2011年,第337页。

会成立大会在大连召开。这是新中国成立三十多年来，小学语文界的一件大事。22日晚，与会的老师们从各地赶到大连饭店，但是万没料到，他们的床位被挤掉了。这些风尘仆仆的老教师，有的辗转万里赶到大连，虽然已经极度困乏，也只得拥候在楼道里。在整个会议期间，大连宾馆接待处、大连饭店和太原饭店的某些领导和服务员更出现歧视和轻慢小学教师的情况。

9月2日，采访这次会议的记者在《人民日报》刊发《怎能这样对待小学教师》的文章报道此事，叶圣陶等老先生看了报道以后痛心不已。两天后，《人民日报》第一版就刊出叶圣陶等八位人大代表的联合呼吁信，题目是"小学教师应当得到全社会的尊重"。信里说："我们写这封信，第一是向这次参加会议受到歧视的教师同志们表示深切的同情，其次是对大连宾馆招待处和两个饭店的某些工作人员表示惋惜（姑且不说是愤慨），更重要的是向社会各界人士呼吁，务必把党中央的'尊师爱生'的号召由一个口号迅速变成一个事实，使四个现代化的实现得到促进。"

《人民日报》的报道和叶圣陶等人的呼吁引发了社会上的强烈反应。各界人士纷纷致信《人民日报》，并对处理结果拭目以待。很快，当时正在北京参加人大和政协五届三次会议的辽宁省委书记兼大连市委第一书记李荒亲自到叶圣陶、吕叔湘的住处拜访，诚恳地表示歉意，虚心地接受批评。之后，大连市委、市政府组成专门检查组处理这一事件，并发出了《关于尊重教师和认真检查接待服务工作的通知》。

叶圣陶，这位当过小学、中学、大学教师的老先生，他懂学生和教师，更懂关心学生和教师。

海棠花会

东四八条的叶家院子里有两株西府海棠，每年春天盛开一片，添得满园春色，惹人喜爱。每到这时，叶圣陶都会邀请亲朋好友来家里赏花，人们将之雅称为"海棠花会"。

新中国成立初期，朱光潜、俞平伯、王伯祥等老友常来聚会。当时，俞平伯带上桂花酒，朱光潜提着白兰地，叶圣陶则备好自制的酱鸭，大家饮酒赏花，乐在其中。遗憾的是，各种政治运动接踵而至，虽然海棠依旧，但物是人非，约难聚少。"文革"后期，叶圣陶的境况有所好转，一些老朋友又开始重聚海棠花下。

1975年春天,王伯祥、顾颉刚、章元善、俞平伯四位老朋友如约而来——他们曾经约定每年的4月都来叶家相聚赏花。王伯祥、顾颉刚、章元善是叶圣陶儿时一起长大的朋友,祖籍浙江的俞平伯自幼长于苏州,也算是叶圣陶的老乡了,时人称他们为"姑苏五老"。五老里,最年轻的当属俞平伯了,这一年他75岁,其他四位则都年过八十。

老朋友相聚,分外开心,回忆起往昔,话题不断,更有趣的是他们常常因为耳背而相互接错了茬。叶圣陶的长孙三午平时爱好摄影,他拿出相机为祖父和他的老友们照合影。章元善为这张五老合影题诗一首:

> 五老首推伯祥翁,于思于思意从容。
> 颉刚危坐风采佳,浓眉挺立乃陶兄。
> 平伯今朝权作幼,四代翰墨光吴中。
> 愧然居次年八四,犹是颠顶问字童。

这张合影记录下"五老赏海棠"的佳话,可惜,这样的场景之后再也没有重现。

1975年底,五老中最年长的王伯祥逝世,由此带来的伤感让老友们聚会的雅兴骤减。1976年到1980年的五年间,只有俞平伯仍按约定,于每年 4 月海棠花开之时，到叶家相会。1980 年的春天比往年更料峭，俞平伯到 4 月末才去拜访叶圣陶，庭中海棠尚未凋谢，两位老人在海棠花前合影纪念。俞平伯即兴赋五言绝句一首："海棠稍晚晚，天气渐清和；并立花间影，心期快若何。"两个月后，叶圣陶在为俞平伯《重圆花烛歌》卷子题诗，写下了"西湖年少初相见，歇浦鸿光作比邻。周甲交情回味永，海棠花下又今春"的诗句，回味着海棠花下的美好记忆。

1980 年末，87 岁的顾颉刚作古。昔日聚会的五老，如今只余三人。1981 年春，在叶圣陶的邀请下，俞平伯与章元善来到叶宅，再会海棠花下。老友重聚的幸福，互诉衷言的愉悦，早已超越了赏花的乐趣。这难得的聚会，成了三位老人晚年生活中的大事。尤其是俞平伯，每次都像等待过节一样，早早盼望着聚会的到来。他在 1982 年 4 月给儿子的信中说："我例于四月间往访圣翁……今年等他来信，于海棠开时电约。外有章元善。昔称五老，今成三友矣。"①

---

①俞平伯著：《俞平伯家书》，北京：开明出版社，1996 年，第 120 页。

1983年春,海棠树还挂着蓓蕾的时候,89岁高龄的叶圣陶按捺不住对老友的挂念,邀请二老看花小叙。这一年章元善91岁,俞平伯83岁。三人在海棠花下合影。后来照片洗出来,俞平伯看了,自嘲自己虽然"年轻",却老态龙钟,扶个拐杖,不如叶、章二翁矍铄。其实俞平伯在1975年秋时一度右肢麻木,经过多方治疗才能起床活动,却年年坚持参加聚会,这次则是由女儿搀扶来的。

此后三年的花会之约,由于叶圣陶身体有恙住院而无奈中断。1984年春海棠花开的时候,叶圣陶在医院赋诗回复俞平伯的问候,对不能共赏海棠而遗憾:"感极关垂电询频,海棠共赏欠今春。"次年春天,叶圣陶又赋诗《春阳》,再次表达因病住院而无法邀请老友们来赏花的歉意:"廊外春阳守病房,今年又负满庭芳。章俞二老冰心姐,仍歉虚邀看海棠。"这里提到的冰心姐,指的便是女作家冰心。生于1900年的冰心,比叶圣陶小六岁,所以叶圣陶称她为"姐"。1983年叶圣陶曾去看望冰心,闲谈中冰心问起叶家一年一度的海棠花会,叶圣陶当即说:"等到来年春暖的时候,请冰心姐来赏花。"

叶圣陶想重聚老友的想法在岁月的流逝面前变得那么奢侈。1987年，章元善辞世。俞平伯因为身体原因也不再出门。海棠花下，叶圣陶仍要坚持履行和冰心的约定。

1987年4月4日，叶圣陶出院回家。当时他的视力衰退得很厉害，已经看不清东西了。进了院子，家人告诉他院子中那一簇簇绿得发亮的嫩叶丛中，已经长出赤豆般的海棠花蕾了。叶圣陶马上说，今年可以邀请冰心阿姨来看海棠了。北京的春天经常刮风，家人担心风老刮个不停，于是做好安排，只等风停，就去请冰心。22日早上，风停了。下午，叶圣陶午睡醒来，收到了家人给他的惊喜——冰心阿姨一会儿就来了。原来上午家人一看不刮风了，立刻打电话给冰心，请她下午前来，而且联系好汽车，并把院子都收拾好了。

下午三点左右，冰心在女儿、女婿、外孙的陪同下来到叶家。其实，这几年冰心的腿脚很不方便，在家里走动也得扶着步行架，平时几乎不出门，这次因为是叶圣陶的邀请，才决定坚持赴约。叶圣陶一听到汽车声，就在家人的扶持下来到门口，两位老人握住手，相互问候，都说想不到大家的身体都还好。冰心十分喜爱这绿意盎然的院子,叶家子女邀请她进屋里坐,她说海棠开得这样好,何不就在院子里坐坐。于是两位老人在院中坐定,家人乘着他们聊天又拍了照片。叶圣陶的耳朵背得厉害了,冰心就凑在他耳朵边上高声说话,叶圣陶怕听不清,还特意把手拢在耳朵背后听,这个场景刚好被拍下来——照片上,就好像两个人在说悄悄话呢。相聚的时光一晃就过去了。临别时分,叶圣陶让家人从院中剪下三枝新开的海棠花,送给冰心,两位老人互相叮嘱道:"千万保重身体。"

这分别的叮嘱带着别样的沉重。两位老人也许都清楚,他们的时间不多了。

伤逝

1987年4月26日,清华大学为坐落在荷塘北岸的朱自清塑像举行揭幕典礼。在此之前叶圣陶收到了请柬,家人担心叶圣陶年龄大了不方便参加,他却说:"只要不刮风下雨就一定去。"

这天,叶圣陶起得特别早,连洗漱、早餐都比平时加快了速度,之后就在家人陪同下前往清华大学。朱自清的夫人陈竹隐也来了,她两眼已经看不见了,就紧紧握住叶圣陶的手抚摸了半天,当作对老朋友的问候。揭幕的红绸落下,"朱自清"悠闲地坐在那里望着平静的湖水,叶圣陶仿佛又看到了老朋友,说了句:"总算看见了。"

5月,叶圣陶口述了一封给民进全国代表会议的信。他说,这几年视力听力衰退严重,通向外界的这两个窗户几乎关闭,作为民进中央委员会主席,已经不能正常参加民进的活动,这是严重的失职,恳求代表会议免去他的职务。

6月9日,为了省却出席民进大会的代表们的惦记,也为了和代表们正式告别,叶圣陶抱病来到京西宾馆出席大会。在代表们的簇拥下,他上了主席台,扶着桌子站着,等掌声渐渐停止,才坐下来。叶圣陶向大家问过好,表示感谢,并说了四五分钟的临别赠言,他一字一顿地背诵了两句古文,怕别人听不清,特意说了两遍。这是《礼记·大学》中的两句:"有诸己而后求诸人,无诸己而后非诸人。"古文的意思是:要自己做得到,方可要求别人;要自己没问题,方可指摘别人。这两句话是叶圣陶一生行为的准则,在临别作为给大家的赠言,是希望同人们更加严格要求自己,多做实事吧。

同月,二十五卷本的《叶圣陶集》开始陆续

出版。10月,在叶圣陶93岁生日之前,前四册出齐了。出版社的编辑特意赶来祝寿,送上新出的集子。叶圣陶脱下手套,将每本都抚摩了一遍。他没有翻开书,微笑着说:"等我死后再出也来得及嘛!"

死亡,对于晚年的叶圣陶来说并不是什么可怕的事。1976年1月11日,叶圣陶得知:依照周恩来总理的遗嘱,死后骨灰将撒归祖国大地。他感慨地在日记中写道:"骨灰留置,本来无甚意义,取之大地,归之大地,实为妥当。余久蓄此意,今闻同调,因告至善,我亦'照办'。至善允之。特记于此。"

1979年12月,叶圣陶给家人写下《遗言》。"关于后事,我以为杨东莼先生处理得很好,我就照他办。不过有一点跟他不同,我要在《人民日报》自费登个广告,告知相识的人,说我跟他们永别了。"杨东莼是叶圣陶的老朋友,也是民进的领导人。他在预感到即将离开人世的时刻,交给中央统战部一份遗嘱:我死之后,一不办丧事,二不搞遗体告别,三不开追悼会,四不登报,五不送八宝山,火化后入土做肥料。

一年后,叶圣陶在《遗言》上补写道:"非

但不要开追悼会,别的什么会也不要开。像我这样一个平凡的人,为我开无论什么会都是不适宜的。务望依我。"1984年2月,叶老又在《遗言》上补写:"如有医学院校需要,把尸体赠与。如果火化,骨灰不要捡回。"①

1988年1月下旬,叶圣陶住进了北京医院,诊查结果为由肺炎引发的心肌梗塞。儿孙们都来了,日夜值班看护。经过救治,刚进院时的肺炎和心肌梗塞都得到了控制,然而叶圣陶的体力却一天比一天衰弱,以至想要翻身、喝水,或是大小便,都没有力气呼唤了,只是稍稍做一做手势。一天里叶圣陶很少睁开眼睛,一会儿气喘连连,一会儿极其疲惫地咳嗽。每经过这样一番折腾,叶圣陶总是自言自语祈求似的轻声说:"睡觉。"给他用了药和进餐以后,他也常常轻声说:"睡觉。"睡觉,是最好的离去方式了。1988年2月16日,农历丁卯年除夕清晨,叶圣陶那颗跳动了94个春秋的心脏停止了跳动。

2月29日下午,千余名各界人士来到北京八

---

① 商金林撰:《叶圣陶年谱长编》第四卷,北京:人民教育出版社,2004年,第615页。

宝山公墓，向这位德高望重的老人挥泪告别。叶圣陶安卧在鲜花翠柏丛中，覆盖在身上的白缎映衬着被94年风霜染白的须眉。冰心让女儿送来的花篮紧靠在他的身旁，花篮的挽带上是冰心的手书："圣陶前辈灵次"。哀乐低回中，人们哭泣着，悼念"五四"时代文化元老的离去。

叶圣陶去世后，苏州甪直镇在当年叶圣陶执教的"五高"所在地修建了一座墓。墓建于宽敞的石台上，墓碑呈石墙形，高耸矗立，碑面镌刻着赵朴初题写的六个鎏金大字——叶圣陶先生墓。碑墙上方和墓台四周的石栏柱雕有桃花、李花和万年青图案，象征着叶老桃李满天下，业绩垂千秋。

1988年12月8日，叶圣陶的骨灰被迎回甪直。这一天，灰蒙蒙的天空洒下了雨滴。